Pe. Alberto Gambarini

Maria,
a mensageira do céu

Ágape

© **Ágape**
Cx. Postal 32
06850-970 – Itapecerica da Serra, SP
Fones (0**11) 4666-3988/4666-3619
Fax: (0**11) 4666-6056
Home page: www.encontrocomcristo.org.br

Composição e Impressão
Edições Loyola
Rua 1822 nº 347 – Ipiranga
04216-000 São Paulo, SP
Caixa Postal 42.335
04218-970 São Paulo, SP
Fone (0**11) 6914-1922
FAX: (0**11) 6163-4275
Home page e vendas: www.loyola.com.br
Editorial: loyola@loyola.com.br
Vendas: vendas@loyola.com.br

SUMÁRIO

APRESENTAÇÃO

"Ave, cheia de graça, o Senhor é contigo"
(Lc 1,28)

Quando vivemos o projeto "Ser Igreja no novo milênio" à luz dos Atos dos Apóstolos, com profunda alegria vemos que "Maria, a mãe de Jesus" (At 1,14) estava entre os Apóstolos e os discípulos preparando a vinda do Espírito Santo e acompanhando os primeiros passos da nossa Igreja, que é Apostólica.

Pe. Alberto Luiz Gambarini, com mais este livro, *Maria, a mensageira do céu*, nos apresenta uma síntese de ótima qualidade sobre tudo o que o cristão deve saber a respeito de Maria Santíssima. É um pequeno tratado mariológico, muito breve e sucinto, de fácil leitura.

No primeiro capítulo, o autor faz um paralelo entre Eva e Maria, mostrando as semelhanças e as diferenças entre as duas, ressaltando o grande valor desta última. Depois apresenta duas imagens referentes a Ela: a arca de Noé e a arca da Aliança. Compara Maria com grandes mulheres da Bíblia e mostra as profecias relativas à Mãe do Senhor, como Gênesis 3,15.

Em seguida, Pe. Alberto apresenta, de forma concisa, os quatro dogmas marianos, para, no capítulo 7, fazer um retrato de nossa Mãe. No capítulo subseqüente, afirma que as aparições de Nossa Senhora são possíveis e mostra alguns critérios para sua avaliação, dedicando no capítulo 9, muitas páginas aos relatos das diversas aparições ao longo da história. Do capítulo 10 ao 13, ensina algumas devoções marianas, especialmente aquela antiga, das Três Ave-Marias, e o Santo Rosário, inclusive listando as promessas feitas por Maria aos devotos deste último.

O leitor comum, ou seja, aquele que não conhece bem a teologia, encontrará nas páginas do livro uma leitura simples e agradável, tendo a possibilidade de aprender (ou até mesmo aprimorar) a devoção à Santa Mãe e assimilar o essencial da doutrina mariana. Como nos diz o Papa João Paulo II (N.M.I 59): *"Devemos imitar a contemplação de Maria que, terminada a peregrinação à cidade santa de Jerusalém, voltou para a casa de Nazaré meditando em seu coração o mistério do Filho"* (Lc 2,51).

Consolidai vossa vocação!

DOM EMÍLIO PIGNOLI
Bispo Diocesano

INTRODUÇÃO

Na minha vida cristã, três temas sempre tiveram grande importância. O primeiro é o fato de Deus ter amado tanto o homem que enviou o seu Filho Jesus Cristo **"para que todo o que nele crer não pereça, mas tenha a vida eterna"** (Jo 3,16). O outro é a certeza de que não estamos sozinhos em nossa travessia pelo deserto da vida, pois Jesus prometeu enviar o Espírito Santo: **"O Paráclito, o Espírito Santo, que o Pai enviará em meu nome, ensinar-vos-á todas as coisas, e vos recordará tudo o que vos tenho dito"** (Jo 14,26). E tal maravilha aconteceu no dia de Pentecostes, quando os primeiros cristãos reunidos na sala do cenáculo **"ficaram todos cheios do Espírito Santo..."** (At 2,4). A Igreja, cheia do Espírito Santo, passou a levar a todos, com entusiasmo, a boa notícia da salvação em Jesus Cristo.

Ao mesmo tempo, não é possível esquecer o caminho utilizado por Deus para chegar até os homens. E qual foi esse caminho? Maria, a doce mãe de Jesus. São Luís Maria de Montfort, no *Tratado da verdadeira devoção à Santíssima Virgem*, escreveu: **"Foi por intermédio da Santíssima Virgem Maria que Jesus veio ao mundo, e é também por meio dela que ele deve reinar no mundo"** (nº 1).

Este é, para alguns, um tema delicado, pois afirmam não existirem dados suficientes para traçar um perfil de quem de fato foi Maria. Trata-se de uma conclusão sem fundamento. Quem examina com atenção a Sagrada Escritura descobre como Maria aparece desde o Antigo até o Novo Testamento por meio de inúmeras figuras e profecias. Esta preocupação em guardar o retrato de quem foi a mãe de Jesus fica evidente nos evangelhos. Eles falam de Maria mais do que de qualquer outra mulher. Ela é apresentada como parte essencial da boa notícia anunciada pelo anjo no nascimento do Salvador.

Maria pertence à Igreja desde o seu início, pois ela foi a primeira cristã, quando, com o seu *sim*, aceitou Jesus em seu ventre. Ela acompanhou seu Filho desde o nascimento até sua fase adulta. Seguiu-o durante seu ministério de pregação da Palavra, esteve com Ele aos pés da cruz, quando todos o haviam abandonado e, por fim, permaneceu em oração com os primeiros cristãos na sala do cenáculo até a vinda do Espírito Santo em Pentecostes.

Escrevo este livro para testemunhar o profundo amor pela mãe de Jesus e minha doce mãe: Maria Santíssima. Cada página é o testemunho da sua maternal proteção que tem me acompanhado durante toda a vida.

Capítulo 1

E DEUS PENSOU EM MARIA

Para conhecer em profundidade a figura maravilhosa da mulher escolhida por Deus para ser a mãe do seu Filho, é necessário percorrer com atenção a Sagrada Escritura. Do Gênesis ao Apocalipse deparamos com profecias, prefigurações da sua vinda, virtudes e missão.

Eva passou a chamar-se Maria

No paraíso encontramos a primeira figura de Maria: Eva. Foi S. Justino, no século II d.C., quem primeiro usou essa comparação, que foi desenvolvida por S. Irineu e muito difundida nos três primeiros séculos da Igreja cristã. O ponto de partida da pregação dos primeiros cristãos foi a diferença entre o diálogo de Eva com a serpente (cf. Gn 3,1-7), e o de Maria com o Anjo Gabriel (cf. Lc 1,25-38).

Eva fora criada sem pecado para ser a mãe corporal de todos os homens. Sua desobediência entristeceu a Deus, quando deu ouvidos às mentiras da perversa serpente: **"... Deus sabe que, no dia em que dele comerdes, vossos olhos se abrirão, e sereis como deuses conhecedores do bem e do mal"** (Gn 3,5).

A bondade de Deus, mesmo ofendida pelo pecado de nossos primeiros pais, revela, no próprio paraíso, como será derrotada a serpente, isto é, o demônio, autor e princípio do pecado: **"Porei ódio entre ti e a mulher, entre a tua descendência e a dela. Esta te ferirá a cabeça, e tu lhe ferirás o calcanhar"** (Gn 3,15). Nessas palavras começa a ressoar a promessa da salvação futura, vinda da descendência da mulher. A profecia do Gênesis aponta para Jesus Cristo, o Filho de Deus, nascido de Maria, a nova Eva.

Santo Irineu, um dos Padres da Igreja, já nos primeiros tempos do cristianismo traçou um paralelo entre Eva e a doce Virgem Maria:

Eva	Maria
Era virgem.	Era virgem.
Cedeu ao mal.	Recebeu a verdade.
Um anjo mau a seduziu.	Um anjo bom trouxe a Palavra.
Eva desobedeceu.	Maria obedeceu.
Abriu a porta para o pecado e as suas conseqüências.	O seu sim trouxe a salvação para toda a humanidade.
Sua desobediência teve como causa falta de fé.	Sua obediência veio da fé.
A desobediência a afastou de Deus.	Ao obedecer gerou em seu ventre o Filho de Deus.
Por uma virgem a raça humana foi condenada à morte.	Por outra virgem a raça humana recebeu a salvação.

E o nome muda de Eva para Ave

Na plenitude dos tempos, o anjo Gabriel é enviado a uma jovem chamada Maria com uma saudação especial: **"Ave, cheia de graça, o Senhor é contigo..."** (Lc 1,28). Essas palavras fazem ressoar novamente a intimidade perdida pela primeira mulher no paraíso. São Bernardo via na saudação angélica a manifestação da infinita misericórdia de Deus reparando o pecado do passado pela mudança do nome de Eva para Ave. Eva seria como um espinho, pois, pelo seu *não* a Deus, tornou-se a mãe da morte; e Maria, a rosa, que, com o seu *sim*, devolveu a todos os homens a saúde, passando a ser a mãe dos viventes.

São Bernardo escreveu: **"Por esta razão corre, ó Eva, para Maria: corre, ó mãe, para sua filha e que a filha se torne responsável pela mãe, que seja ela quem elimine o opróbrio da mãe e, no lugar da mãe, satisfaça ao Pai, porque, se o homem caiu por causa de uma mulher, agora ele só se reergue graças a uma mulher"**.

Capítulo 2

MARIA NO ANTIGO TESTAMENTO

Assim como Jesus Cristo é visto na figura de diversos personagens importantes do Antigo Testamento, o mesmo ocorre com sua doce mãe. Desde o início do cristianismo, a Igreja, na sua doutrina e pregação, viu em alguns fatos e testemunhos de mulheres exemplares o anúncio da obra que Deus realizaria plenamente com a colaboração de Maria.

Maria e a arca de Noé

Uma das figuras fortes de **Maria** ainda nas primeiras páginas da Bíblia é a comparação com **a arca de Noé** (Gn 7,1-9,1). Por meio dela foram salvos a família de Noé e todos os que iriam povoar novamente a terra depois do dilúvio. No ventre de Maria entrou o Salvador, e os que nele crêem passam a formar a família de Deus aqui na terra: **"mas a todos aqueles que o receberam, aos que crêem no seu nome, deu-lhes o poder de se tornarem filhos de Deus"** (Jo 1,12). E assim tornam-se aqueles que vão povoar o céu, conforme a promessa do próprio Jesus Cristo: **"...vou preparar-vos um lugar"** (Jo 14,2).

Maria, a nova arca da Aliança

Outra imagem ligada a **Maria** é a **arca da aliança**. Encontramos essa comparação na forma como São Lucas descreve a cena da visitação (cf. Lc 1,39-45), onde se estabelece um paralelo com a entrada da arca da aliança em Jerusalém (cf. 2Sm 6). No breve trecho da visitação, sentimos o carinho demonstrado por Maria e o desejo de destacar sua santidade.

A arca da aliança tinha no seu interior o báculo do sacerdote, o vaso do maná e as tábuas da Lei de Deus. Jesus é o sumo sacerdote, o pão vivo vindo do céu e a própria Palavra encarnada. Desse modo, Maria passou a ser uma Arca superior à antiga, pois aquilo que no passado era somente uma lembrança, no seu ventre tornou-se realidade.

Em 2Sm 6 é apresentado o acontecimento do transporte da Arca da Aliança; ao compará-lo com a descrição da visita de Maria a Isabel, vemos muitas semelhanças:

— o povo e o rei Davi vibraram com a entrada da Arca na cidade Santa: **"o rei e todos os israelitas conduziram a arca do Senhor, soltando gritos de alegria e tocando a trombeta"** (2Sm 6,15);

Isabel e a Criança no seu ventre receberam calorosamente Nossa Senhora: **"apenas Isabel ouviu a saudação de Maria, a criança estremeceu no seu seio"** (Lc 1,41);

— o rei Davi não se conteve em sua alegria e dançou diante da Arca: **"Ao entrar a arca do Senhor... o rei Davi saltou e dançou diante do Senhor..."** (2Sm 6,16);

João Batista saltou no ventre de sua mãe Isabel: **"...assim que a voz de tua saudação chegou aos meus ouvidos, a criança estremeceu de alegria no meu seio"** (Lc 1,44);

— Davi disse diante da Arca: **"Como entrará a arca do Senhor em minha casa?"** (2Sm 6,9);

Isabel recorda essas palavras ao proclamar: **"Donde me vem esta honra de vir a mim a mãe de meu Senhor?"** (Lc 1,43).

Essa pequena comparação nos revela a grandeza desta mulher que desde sempre foi preparada para ser a mãe do Nosso Salvador.

Maria e algumas mulheres da Bíblia

Diversas mulheres no Antigo Testamento recordam em profecia a missão futura da mãe do Nosso Salvador. Entre elas destacam-se:

Sara

Sara foi a mãe de Isaac, o filho tão esperado de Abraão a quem Deus pediu: **"Toma teu filho, teu único filho a quem tanto amas, Isaac, e vai à terra de Moriá, onde tu o oferecerás em holocausto sobre um dos montes que eu te indicar..."** (Gn 22,2). E Abraão obedeceu, mas no momento do sacrifício o anjo do Senhor gritou do céu: **"Não estendas a tua mão contra o menino, e não lhe faças nada. Agora sei que temes a Deus, pois não me Recusaste teu próprio filho, teu filho único"** (Gn 22,12).

Maria é a mãe de Jesus Cristo, filho único de Deus. Ela o trouxe a este mundo para ser o Salvador de todos os homens. O sacrifício que Deus impediu a Abraão, aconteceu com Jesus Cristo. Ele subiu o monte, foi pregado no lenho da cruz e sacrificado pelos nossos pecados. O apóstolo Paulo dirá sobre este acontecimento supremo: **"Eis aqui uma prova brilhante do amor de Deus por nós: quando éramos ainda pecadores, Cristo morreu por nós"** (Rm 5,8).

Débora, Ester e Judite

Estas três mulheres salvaram o povo de Israel em momentos difíceis de sua história.

Débora é apresentada como juíza, profetisa e conselheira do povo: **"Naquela época, a profetisa Débora, mulher de Lapidot, era juíza em Israel. Sentava-se sob a palmeira de Débora, entre Ramá e Betel, na montanha de Efraim, e os israelitas iam ter com ela para que ela julgasse suas questões"** (Jz 4,4-5). E também levou o povo à vitória diante de um terrível inimigo, por isso foi comparada a uma zelosa mãe: **"...quando eu, Débora, me levantei, me levantei como uma mãe em Israel"** (Jz 5,7).

No tempo do rei persa Assuero, os hebreus estavam correndo o risco de ser exterminados. Ester consegue despertar a atenção do rei: **"... ganhou ela as graças e favor real mais que todas as demais jovens. Tanto que o rei colocou sobre a sua cabeça o diadema real e a fez rainha..."** (Est 2,17), e torna-se capaz de interceder em favor do seu povo, conforme um pedido de Mardoqueu, seu pai adotivo: **"...pô-la a par de tudo e movê-la a ir ter com o rei para implorar sua graça e interceder junto dele em favor do povo"** (Est 4,8b). Os hebreus são preservados e seu inimigo destruído.

Judite era uma mulher aparentemente frágil, mas em seu interior acreditava na força de Deus para capacitar o homem e a mulher de fé a realizar grandes obras. Era viúva, conhecida tanto pelo seu temor a Deus como pela sua beleza.

Nesse tempo, Nabucodonosor envia seu general Holofernes para destruir Judá. Quando chega à pequena cidade de Betúlia, próxima a Jerusalém, cerca-a com o propósito de destruí-la. Os chefes da cidade e o povo pensam em rendição, mas Judite se apresenta para censurar a incredulidade e despertar a confiança no auxílio de Deus (Jt 8). Em seguida retira-se para orar (Jt 9) e então enfrentar o general inimigo. Desperta-lhe a atenção e, depois de um banquete, mata-o cortando-lhe a cabeça.

Em seu cântico de vitória proclamou as maravilhas do Altíssimo: **"Entoai um cântico ao meu Deus... porque é um Deus que extermina as guerras... e me livrou da mão de todos os inimigos..."** (Jt 16,1-2).

Essas mulheres recordam Maria porque ela também é auxílio para os cristãos quando os inimigos espirituais e terrenos ou os acontecimentos ruins tentam trazer destruição.

As mulheres apresentadas são somente uma amostra das tantas outras que poderíamos citar como figuras de Maria: Ana, a mãe do profeta Samuel; Rute e sua sogra Noemi; Rebeca... Entretanto, é importante recordar as palavras de Sto. Antônio de Florença: **"A beleza de todas estas mulheres fica sem brilho, comparada com a da Santíssima Virgem"**.

Capítulo 3

MARIA E AS PROFECIAS BÍBLICAS

A figura de Maria aparece na Bíblia desde as suas primeiras páginas e vai percorrendo toda a história da salvação até o seu ponto culminante com o nascimento de Nosso Senhor e Salvador Jesus Cristo.

Desde o paraíso a sua missão foi anunciada dos mais diferentes modos. Já nos primeiros tempos do cristianismo viu-se uma primeira profecia apontando para Maria em Gn 3,15: **"Porei ódio entre ti e a mulher, entre a tua descendência e a dela. Esta te ferirá a cabeça, e tu lhe ferirás o calcanhar"**. Aí é revelado que, da semente da mulher, Deus daria Aquele que derrotaria definitivamente a perversa serpente.

Uma das revelações fundamentais para entender como Deus preparou a vinda de seu

Filho é apresentada na profecia de Natã ao rei Davi: **"Quando chegar o fim de teus dias e repousares com teus pais, então suscitarei, depois de ti, a tua posteridade, aquele que sair de tuas entranhas... Eu serei para ele um pai, e ele será para mim um filho... mas não lhe tirarei a minha graça... Tua casa e teu reino estão estabelecidos para sempre diante de mim... mas não lhe tirarei minha graça... Tua casa e teu reino estão estabelecidos para sempre diante de mim, e o meu trono estará firme para sempre"** (2Sm 7,12.14-16).

No Antigo Testamento encontramos dois outros textos proféticos em que as palavras de Natã crescem, apontando para a participação de uma mulher como o meio para a vinda do Messias: Is 7,14 e Mq 5,1-2.

A profecia de Isaías e a revelação do nome da virgem prometida

"Por isto, o próprio Senhor vos dará um sinal: uma virgem conceberá e dará à luz um filho, e o chamará 'Deus Conosco'" (Is 7,14).

A realização dessa profecia é descrita em dois textos do Novo Testamento:

— Primeiro, na visita do arcanjo Gabriel a Maria:

"No sexto mês, o anjo Gabriel foi enviado por Deus a uma cidade da Gali-

léia, chamada Nazaré, a uma virgem desposada com um homem que se chamava José, da casa de Davi; e o nome da virgem era Maria" (Lc 1,26).

— E na explicação dada a São José por um anjo em sonho sobre a criança no ventre de Maria:

"Tudo aconteceu para que se cumprisse o que o Senhor falou pelo profeta: Eis que a Virgem conceberá e dará à luz um filho que se chamará Emanuel, que significa: Deus conosco" (Mt 1,22-23).

O lugar do nascimento do Salvador

"Mas tu, Belém-Efrata tão pequena entre os clãs de Judá, é de ti que sairá para mim aquele que é chamado a governar Israel. Suas origens remontam aos tempos antigos, aos dias do longínquo passado..." (Mq 5,1).

Os judeus conheciam bem esta profecia, tanto que ela foi citada pelos príncipes dos sacerdotes e escribas do povo quando os magos chegaram a Jerusalém para encontrar-se com o Salvador (cf. Mt 2,1-6). Diante da resposta, partiram para Belém, e aí chegando **"... acharam o menino com Maria, sua mãe"** (Mt 2,11).

Também São Lucas, ao apresentar o nascimento do Senhor, faz questão de apresentar com precisão onde Jesus nasceu, para recordar a profecia de Miquéias: **"...José subiu da Galiléia, da cidade de Nazaré, à Judéia, à cidade de Davi, chamada Belém, porque era da casa e família de Davi, para se alistar com a sua esposa Maria, que estava grávida. Estando eles ali, completaram-se os dias dela. E deu à luz seu filho primogênito..."** (Lc 2,4-7).

Para os primeiros cristãos, o nascimento de Jesus por meio da Virgem Maria nada mais era do que a continuidade da Palavra de Deus. E, por isso, faziam questão de buscar no Antigo Testamento os sólidos fundamentos para a sua fé. O Messias é identificado em Jesus, e a mulher escolhida como instrumento para o seu nascimento, Maria.

Capítulo 4

O NASCIMENTO DE MARIA E O SIGNIFICADO DE SEU NOME

No Novo Testamento não encontramos nada a respeito da família, do nascimento e dos primeiros anos de vida da doce Virgem Maria. Porém, os primeiros cristãos guardaram algumas lembranças em livros que não são considerados sagrados, mas que nos ajudam a ter uma idéia da primeira fase da vida da mãe do Senhor.

A Igreja guardou com carinho o nome dos pais de Maria: Joaquim e Ana. Maria nasceu como resultado de um milagre, pois seus pais já tinham idade avançada e não podiam mais ter filhos.

O nascimento de Maria

Uma das maiores curiosidades de todos os devotos de Maria é saber como se deu o seu santo nascimento. Não é possível determinar a data exata desse acontecimento, entretanto podemos chegar a um resultado aproximado.

Quando Jesus nasceu, Maria teria entre 14 e 16 anos, a idade para as meninas judias casarem. Aceitando esta linha de raciocínio, surge outro dado importante: 15 a 20 anos antes do nascimento de Jesus, o rei Herodes estava entretido com a reconstrução do Grande Templo de Jerusalém.

Por uma coincidência divina, Maria nasce nessa mesma época, em um lugar bem próximo do Templo, na casa de Joaquim e Ana, seus pais[1]. O lugar era próximo da Porta das ovelhas, onde estava o poço de Bethesda. Aí existia uma gruta cultuada já no início do cristianismo como o lugar onde a mãe de Jesus nasceu. A gruta mais tarde se tornou a cripta de uma igreja dedicada a Santa Ana.

A cem metros do templo construído pelas mãos dos homens, Deus prepara outro

---

1. Existem diversas hipóteses sobre o local do nascimento da Virgem Maria: para alguns, ela teria nascido em Nazaré, onde hoje está a Basílica da Anunciação; outros apontam para a cidade de Séforis, capital da Galiléia no tempo de Herodes; e por fim, Jerusalém, onde hoje é a Igreja de Santa Ana, próxima do antigo Templo destruído pelos romanos.

templo superior, onde a sua presença se manifestaria em plenitude. Para os judeus o Templo era o lugar por excelência onde habitava a glória de Deus. Maria, por estar gerando em seu ventre o Filho do Altíssimo, passa a ser um Templo superior ao de Herodes. Ela se transforma no eterno Templo de Deus. E por quê? Sabemos pela história que o templo herodiano teve um tempo limitado: por volta do ano 70 d.C., as tropas romanas o incendiaram, e ele foi completamente destruído. O seu tempo de existência foi inferior a 90 anos.

Maria foi crescendo junto com as paredes do templo humano, mas jamais viu a destruição de seu corpo. Chegada a sua hora de partir desta vida, entra no sono eterno, e seu corpo é elevado ao céu para habitar ao lado do seu amado Filho Jesus Cristo. E não podia ser diferente, afinal ela trouxe em seu ventre o Salvador de todos os homens.

O nome de Maria

O significado do nome de Maria tem atraído a atenção desde o início do cristianismo. Neste nome está indicado o lugar da mãe de Jesus na história da salvação. São Pedro Canísio escreveu: **"Se existe entre os mortais algum nome tão belo, cheio de graça, que mereça ser escrito, lido, louvado, pintado e esculpido é o de Maria, já que é digno de estar sem-**

pre diante dos olhos, nos ouvidos e nas mentes de todos os homens e de ser pronunciado em particular e publicamente com imensa reverência".

No Antigo Testamento este nome foi dado somente à irmã de Moisés e Aarão (cf. Ex 2,4; 15,20; Nm 12,1-5). Já no Novo Testamento encontramos diversas mulheres com este nome: Maria Madalena (cf. Lc 8,2-3), Maria de Betânia (cf. Lc 10,38-42), Maria, mãe de Tiago (cf. Mt 27,56-61), Maria, mãe de João (At 12,12).

Para uma boa parte dos estudiosos, o nome Maria é de origem semítica. Segundo alguns, em hebraico *Myriam*, segundo outros *Miryam*, composto de *mir* (estrela) e *yam* (mar). Assim gostava São Bernardo de chamar Maria, para indicar que, como uma estrela, ela irradiou a luz da humanidade: Jesus. E também ensinava ser Maria a estrela a iluminar o barco da nossa vida para não naufragar nas tempestades. A esse respeito afirmou: "Se estás sendo agitado pelas ondas da soberba, da impureza, das calúnias ou da ambição... olha para a estrela, invoca a Maria".

Existem também aqueles que derivam o nome de Maria de *Miriam* e *Mariam*, e significaria *Senhora*, *Formosa*, *Mar amargo*, *Amada do Senhor*... Este nome significa muitas coisas para nos dar a entender que a Virgem possui todas as virtudes e perfeições.

Capítulo 5

MARIA NOS EVANGELHOS

Uma das referências mais antigas sobre o lugar de Maria no plano da salvação encontra-se na carta de São Paulo dirigida aos cristãos da Galácia: **“Mas quando veio a plenitude dos tempos, Deus enviou seu Filho, que nasceu de uma mulher...”** (Gl 4,4). Aí está uma revelação fundamental: Jesus Cristo, Filho de Deus, nascendo de Maria, tornou-se seu Filho, e ela, mãe de Deus. E não poderia ser diferente, pois Jesus foi plenamente homem e verdadeiramente Deus, e Maria foi a mãe completa do Filho de Deus.

À medida que os primeiros cristãos foram aprofundando o conhecimento sobre Jesus, também passaram a meditar sobre o lugar de Maria no plano da salvação. E, assim, o seu retrato pouco a pouco foi se formando nos evangelhos.

Evangelho de São Marcos

O evangelho de São Marcos, de um modo diferente de Mateus e Lucas, nada fala do nascimento do Salvador, e somente em duas ocasiões cita a figura de Maria. A primeira, por ocasião do encontro do Senhor com sua mãe e parentes (cf. Mc 3,31-35); a segunda, onde descreve Jesus: **"...o carpinteiro, o Filho de Maria"** (Mc 6,3). Nossa Senhora é apresentada como a mãe educadora do Filho de Deus.

Marcos preocupou-se mais em apresentar a vida adulta de Jesus, entre o Batismo e a Ascensão. Outra característica desse evangelho é não dar tanta atenção às palavras do Senhor, e sim ao seu efeito na vida das pessoas.

Evangelho de São Mateus

O evangelho de São Mateus oferece uma riqueza de detalhes sobre Maria. Encontramos um dos primeiros pontos de destaque na descrição da genealogia de Jesus. Aparecem quatro mulheres: Tamar, Raab, Betsabéia, mulher de Urias, e Rute (cf. Mt 1,2.5.6). Estas mulheres mostram o lugar da presença feminina no plano da salvação, e apontam para a missão futura de Maria.

Mateus apresenta Jesus como herdeiro das promessas de Deus desde Abraão, passando pela casa do rei Davi. Ele é o Messias esperado pelos hebreus durante séculos, também o novo Davi vindo para inaugurar o Reino de Deus.

O evangelista, desde o início, faz questão de indicar que Jesus era da casa de Davi, onde deveria nascer o Messias. Mesmo sendo Jesus filho adotivo de José, pelo costume hebreu herdava os direitos de pertencer à sua linhagem. Outro dado para ressaltar a paternidade divina está no modo como se apresenta Jesus dentro da genealogia. A cada geração é dito o nome do pai e do filho, e, chegando à última, chama a atenção o fato de estar escrito: **"Jacó gerou José, esposo de Maria, da qual nasceu Jesus, que é chamado Cristo"** (Mt 1,16).

A origem de Jesus é revelada a José em sonho: **"... não temas receber Maria por esposa, pois o que nela foi concebido vem do Espírito Santo. Ela dará à luz um filho, a quem porás o nome de Jesus, porque ele salvará o seu povo de seus pecados"** (Mt 1,20-21). Recebendo a missão de dar o nome, José torna-se responsável por Ele. A partir daí, passa a cuidar da vida de Jesus e Maria, formando a Sagrada Família.

Todo o cuidado desse evangelho está em apresentar Maria como a mãe virgem, que, por obra do Espírito Santo, gera o Filho de Deus (cf. Mt 1,18).

Evangelho de São Lucas

O destaque acontece na cena da anunciação. O anjo Gabriel aproxima-se de Maria e diz: **"Ave, cheia, cheia de graça, o Senhor é contigo"** (Lc 1,28). Nesse momento o céu se encontra com a terra, o divino com o humano. Certamente, os coros celestiais cantaram um hino de ação de graças, louvor e adoração pela nova criação que estava aí começando.

A primeira mensagem foi de felicidade: **Ave**, ou **salve**, ou ainda **alegra-te**. Continua a sua saudação revelando quem é esta mulher: **"cheia de graça"**. Essas palavras mostram que a Maria foi dada uma graça especial para ser o vaso puro, sem pecado, para trazer a este mundo o Salvador. O novo Adão, para destruir o pecado, deveria nascer sem o pecado. E desde o paraíso o pecado era transmitido dos pais para os filhos. Maria é preservada da mancha original em vista do Filho de Deus gerado em seu ventre virginal. Por isso, ela é a mulher **cheia de graça** de Deus, entre todas a escolhida.

Na saudação do anjo Gabriel a Maria ressoam as palavras de Zc 2,14: **"Solta gritos de alegria, regozija-te, filha de Sião. Eis que venho residir no meio de ti"**. Para a Bíblia, Sião é o sinal vivo da presença de Deus entre os homens. Maria é a filha de Sião, e o seu ventre, o Templo onde é gerado Emanuel, Deus-conosco.

O anjo completa as suas palavras dizendo: **"o Senhor é contigo"** (Lc 1,28). Fica evidente o favor de Deus para com esta jovem, e o seu lugar especial entre todas as outras mulheres. A nenhuma mulher foi dada semelhante saudação nem pedido um ato de fé tão forte: **"Eis que conceberás e darás à luz um filho, e lhe porás o nome de Jesus. Ele será grande e chamar-se-á Filho do Altíssimo e o Senhor Deus lhe dará o trono de seu pai Davi; e reinará eternamente na casa de Jacó"** (Lc 1,31-32). Essa é a revelação da nova criação realizando-se pela encarnação da Palavra segundo a qual tudo foi criado pelo Pai. O mesmo Espírito de Deus que estava no início da criação (cf. Gn 1,1-2), e foi soprado sobre Adão (cf. Gn 2,7), repousou em Maria: **"O Espírito Santo descerá sobre ti, e a força do Altíssimo te envolverá com a sua sombra"** (Lc 1,35).

A resposta de Maria demonstra uma pessoa profundamente tocada pelo amor de Deus: **"Eis aqui a serva do Senhor, faça-se em mim segundo a sua Palavra"** (Lc 1,38).

Como no passado a glória de Deus habitava primeiro na Arca da Aliança, e depois no Templo de Jerusalém, passa agora a fazê-lo, por obra do Espírito Santo, no corpo de Maria.

O brilho do Altíssimo torna-se presente de um modo forte na visitação: **"Apenas Isabel ouviu a saudação de Maria, a criança**

estremeceu no seu seio; e Isabel ficou cheia do Espírito Santo" (Lc 1,41). A saudação de Isabel é estupenda: **"Bendita és tu entre as mulheres e o fruto do teu ventre"** (1,42). Essas palavras soam como uma continuação da saudação do anjo, confirmando vir a salvação do fruto do ventre de Maria. Isabel completa a sua saudação revelando a maternidade divina e ao mesmo tempo dizendo ser Maria a mãe de Deus: **"Donde me vem esta honra de vir a mim a mãe de meu Senhor?"** (Lc 1,43). O termo Senhor, no judaísmo, é dado a Deus. Isabel anuncia que a criança no ventre de Maria é Deus, a Segunda pessoa da Trindade.

Isabel termina o seu diálogo com uma das melhores descrições de quem é Maria: **"Bem-aventurada és tu que creste, pois se hão de cumprir as coisas que da parte do Senhor te foram ditas"** (Lc 1,45). Ela aponta para o caminho a seguir por todos aqueles que desejam crescer na felicidade junto com Deus: a Palavra. A fé nasce, cresce e permanece pela escuta e prática da Palavra de Deus. Assim fez Maria, e foi feliz.

A resposta de Maria é conhecida como o *Magnificat* (cf. Lc 1,46-55). Cheia do Espírito Santo, ela canta a misericórdia, a força e a santidade de Deus (cf. Lc 2,46-50). Também apresenta uma palavra profética sobre o seu lugar na Igreja: **"me proclamarão bem-aventurada todas as gerações"** (Lc 1,48). Essas palavras demonstram claramente que a falta de atenção para com Maria é um desconhecimento da própria Escritura. A Igreja de Jesus não é completa se não tem reverência por aquela que foi o instrumento de Deus para a salvação da humanidade. Na segunda parte do seu canto (Lc 1,51-55), chama a atenção para a importância da humildade e a fidelidade de Deus.

Outra descrição importante de Maria acontece no nascimento de Jesus, quando os pastores vão à manjedoura contando a mensagem do anjos: **"Maria conservava todas estas palavras, meditando-as no seu coração"** (Lc 2,19). Nem tudo a Virgem entendia, mas sabia confiar e esperar em Deus.

Evangelho de São João

São João apresenta Maria somente em dois momentos: Caná e Calvário. Ela está presente no início do ministério de seu Filho e na sua conclusão. Duas ocasiões especiais em que a mãe de Jesus aparece em destaque.

As bodas de Caná

Em Caná é dito: **"achava-se ali a mãe de Jesus..."** (Jo 2,1). Nesta festa de casamento Maria leva um pedido ao seu Filho: **"Eles não**

têm mais vinho" (Jo 2,3). A primeira impressão da resposta é de uma indelicadeza: **"Mulher, isso nos compete a nós? Minha hora ainda não chegou"** (Jo 2,4). Destacam-se dois pontos: o termo **mulher** e a afirmação **"minha hora ainda não chegou"**. **Mulher** recorda a primeira Eva (cf. Gn 2,23; 3,1-2); com um sentido inverso, Maria representa a nova mulher (Eva), de quem nasceria o Salvador. Quanto à afirmação **"minha hora ainda não chegou"**, aponta para a cruz, lugar onde Jesus, o novo Adão, derrotará Satanás, a antiga serpente. Na continuação do diálogo vemos como Maria tranqüilamente diz aos servos: **"Fazei o que ele vos disser"** (Jo 2,5), e Jesus atende realizando seu primeiro milagre (cf. Jo 2,6-10). O evangelista conclui: **"Este foi o primeiro milagre de Jesus; realizou-o em Caná da Galiléia. Manifestou a sua glória, e os seus discípulos creram nele"** (João 2,11).

O Calvário

No mesmo dia em que eram sacrificados os cordeiros da Páscoa dos judeus no Templo de Jerusalém, no Calvário foi sacrificado o cordeiro sem mácula: Jesus Cristo. Para o evangelho de São João, esse é o momento em que Deus sela sua Aliança eterna. E Maria tornase a testemunha da derrota do pecado e glorificação do seu Filho: **"Junto à cruz de**

Jesus estava de pé sua mãe..." (Jo 19,25). Entretanto, sua presença não foi um simples gesto de uma mãe ao lado do filho. Ela estava ali participando de seu sofrimento. Nesse momento tornaram-se realidade as palavras do velho Simeão: "**Uma espada transpassará a tua alma...**" (Lc 2,35).

A atitude de Maria de estar "**junto à cruz de Jesus**" traz também uma lição espiritual profunda. Com a Santíssima Virgem aprendemos a importância de descobrir que na cruz de Jesus encontra-se uma nova vida. São Paulo nos ajuda a entender este poder ao revelar: "**A linguagem da cruz é loucura para os que se perdem, mas, para os que foram salvos, para nós, é uma força divina**" (1Cor 1,18). A mãe de Jesus exercitou a fé com este espírito: em seu coração sofria, e ao mesmo tempo experimentava a grandeza da manifestação do amor de Deus.

Maria, "**junto à cruz de Jesus**", não solta gritos ou lamentações, permanece em silêncio. Essa é a atitude de quem exercita a sua fé, reconhecendo que o sofrimento não é maior que a graça dada por Deus para vencê-lo. E vencer o sofrimento não significa não passar por ele, mas abandonar-se aos cuidados da misericórdia divina.

Poucos instantes antes de Jesus render seu espírito, dirige-se a sua mãe dizendo: "**Mulher, eis aí teu filho**" (Jo 19,26). Depois disse ao discípulo: **"Eis aí tua mãe"** (Jo 19,27). Na cruz chega ao final nossa condição de órfãos. São João faz questão de não citar o nome do discípulo, para reforçar o real desejo do Filho de Deus. No Calvário, pela palavra de Jesus, fomos gerados espiritualmente tornando-nos filhos de Maria.

Capítulo 6

AS VERDADES DE FÉ SOBRE MARIA

A Igreja ensina os seguintes dogmas (verdades de fé) sobre a Virgem Maria:

Maria, mãe de Deus

Esta verdade foi definida pelo Concílio de Éfeso (ano 431) para combater os erros de Nestório. Este ensinava que Maria não podia ser chamada de Mãe de Deus. Nestório afirmava que Nossa Senhora era somente mãe de Jesus, enquanto homem.

O erro desta posição está em separar a divindade de Jesus de sua humanidade. Como cristãos, cremos que em Jesus há duas naturezas: a divina, porque Ele é Deus desde toda a eternidade, é a segunda pessoa da Trindade; e a humana, porque foi verdadeiramente homem desde a sua Encarnação. Essas duas naturezas estão unidas numa só pessoa, que é divina. O Verbo divino, ao se encarnar, não se uniu a uma pessoa humana, mas uniu a si uma natureza humana.

Maria não poderia ser mãe somente de uma parte de Jesus, pois a pessoa que foi gerada no seu ventre não deixou de ser Deus ao assumir a nossa humanidade, conforme as palavras de Lucas 1,35b: **"...o ente santo que nascer de ti será chamado Filho de Deus"**. No ventre de Maria foi formado o corpo de Cristo, e em virtude da união deste corpo com a Segunda pessoa da Santíssima Trindade, ela é chamada de Mãe de Deus. Tal privilégio não a transformou em uma quase deusa, ela continuou sendo humana, mas recebeu uma dignidade especial, como é revelado nas palavras da saudação de Isabel: **"Donde me vem esta honra de vir a mim a mãe do meu Senhor?"** (Lc 1,43).

O Concílio de Éfeso definiu:

"Que seja excomungado quem não professar que Emanuel é verdadeiramente Deus e, portanto, que a Virgem Maria é verdadeiramente Mãe de Deus, Teotókos, pois deu à luz segundo a carne aquele que é o Verbo de Deus"[1].

---

1. Dz 113.

A virgindade perpétua de Maria

O tema da virgindade perpétua de Maria acompanha o cristianismo desde a sua origem. Entre os inúmeros argumentos apresentados destaca-se o fato de Maria ser a mãe do Filho de Deus. Um exemplo dessa defesa encontramos na carta do papa Sirício (384-398) a Anísio, bispo de Tessalônica. Este bispo havia chamado a atenção a Bonoso, bispo de Ilíria, por afirmar que Nossa Senhora havia tido outros filhos:

"É natural que tenha sentido horror ao ouvir dizer que do ventre de Maria, do qual nasceu Cristo segundo a carne, tenham nascido outros filhos. Jesus Cristo não teria escolhido nascer de uma virgem se soubesse que ela se contaminaria por meio da união com um homem, manchando o lugar onde Ele havia repousado, a corte do Rei Eterno. Esta afirmação nada mais é do que a aceitação da falsa doutrina judia, segundo a qual Cristo não nasceu de uma virgem"[2].

A definição dogmática da virgindade de Maria aconteceu no terceiro Concílio de Latrão, de 649, pelo papa Martinho I:

"Se alguém não confessa de acordo com os santos Padres, propriamente e segundo a verdade, como Mãe de Deus, a santa, sem-

2. Dz 91.

pre virgem e imaculada Maria, por haver concebido, nos últimos tempos, do Espírito Santo e sem concurso viril gerado incorruptivelmente o mesmo Verbo de Deus, especial e verdadeiramente, permanecendo indestruída, ainda depois do parto, sua virgindade, seja condenado"[3].

Por meio desta verdade aprendemos que Maria foi virgem antes, durante e depois de dar à luz Jesus Cristo.

Quanto à questão da virgindade de Maria antes e durante a concepção, a Bíblia é muito clara: **"Jacó gerou José, esposo de Maria, da qual nasceu Jesus, que é chamado Cristo... Eis como nasceu Jesus Cristo: Maria, sua mãe, estava desposada com José. Antes de coabitarem, aconteceu que ela concebeu por virtude do Espírito Santo"** (Mt 1,16.18).

A virgindade depois do parto não significa de modo algum a diminuição do valor da vida conjugal, mas deve ser entendida em virtude do desejo forte de Maria em dedicar-se totalmente a este Filho.

Surge uma dúvida a respeito dos possíveis irmãos de Jesus. Quando os evangelhos falam dos irmãos de Jesus (Mt 12,46-50; Mc 3,31-35; Lc 8,19-21), estão fazendo referência ao uso bíblico da palavra **irmão**. Tal palavra

3. Dz 256.

não era usada somente para irmãos de sangue, mas para primos e outros parentes. A evidência de Jesus não ter outros irmãos tem sua confirmação derradeira na cruz, onde Jesus, em vez de confiar sua mãe a algum possível irmão, a entregou aos cuidados do discípulo amado (cf. Jo 19,26-27).

A Imaculada Conceição de Maria

Trata-se de uma verdade definida pelo Papa Pio IX no dia 8 de dezembro de 1854. Por meio da Bula *Ineffabilis Deus* foi proclamado: **"Declaramos, pronunciamos e definimos que a doutrina que sustenta que a Bem-Aventurada Virgem Maria foi, desde o primeiro instante da sua concepção, preservada e imunizada de toda a mancha do pecado original, por uma graça e favor de Deus Todo-Poderoso, em vista dos méritos de Jesus Cristo, salvador do gênero humano, é uma doutrina revelada por Deus e, como tal, deve ser aceita firme e constantemente por todos os fiéis"**[4]. Mediante este dogma aprendemos que Maria foi preservada de todo pecado desde o momento de sua concepção.

O fundamento bíblico para essa verdade encontra-se principalmente na saudação do anjo a Maria: **"... Ave, cheia de graça"** (Lc 1,28).

4. Dz 1641.

Nessas palavras é revelada a certeza de que Maria foi preparada para ser uma morada digna para o Filho de Deus. Maria não podia trazer em si a mancha do pecado herdada por todos os homens a partir da queda dos nossos primeiros pais, Adão e Eva. Santo Agostinho a esse respeito afirma: **"A honra de Cristo não permite a menor hesitação a respeito do possível pecado de sua mãe"**.

Esse privilégio dado a Maria em momento algum a coloca fora da obra Redentora de Jesus Cristo. Muito pelo contrário, ela, por antecipação, recebe os efeitos da salvação que seria dada aos homens a partir da morte e ressurreição do Cristo Jesus. Se cremos que ela gerou no seu ventre o Filho de Deus, como imaginar a presença do pecado em seu ser? A razão da importância dessa verdade de fé é muito clara: o Senhor não deixaria em nenhum momento sua mãe privada da graça e submetida ao demônio. Tal verdade encontra-se em pleno acordo com a própria Escritura, em que é revelada a inimizade entre a mãe do Redentor e a serpente: **"Porei ódio entre ti e a mulher, entre a tua descendência e a dela"** (Gn 3,15).

A Assunção de Nossa Senhora

Esta verdade de fé foi definida pelo Papa Pio XII, em 1950. Assim foi a proclamação: **"... a glória de Deus onipotente que concedeu a Maria sua especial benevolência, para**

honra do seu Filho, Rei imortal dos séculos e vencedor do pecado e da morte, para a maior glória de sua augusta mãe e para a alegria e júbilo de toda a Igreja, pela autoridade de nosso Senhor Jesus Cristo, dos santos apóstolos Pedro e Paulo e a nossa, pronunciamos, declaramos e definimos ser dogma revelado por Deus que: a Imaculada Mãe de Deus sempre Virgem Maria, terminado o curso da vida terrena, foi assunta à glória celeste em corpo e alma".

Não se discute se Nossa Senhora morreu ou não, pois de modo geral a sua morte é aceita pela maioria dos estudiosos. O dogma somente nos diz que o corpo de Maria foi preservado da destruição normal a todos os corpos em virtude da morte. Tal fato revela a grandeza do poder da obra de Cristo, e põe em destaque de modo eloqüente o destino final dos justos: a ressurreição da carne.

Maria foi a primeira a aceitar Jesus Cristo, e, desse modo, a primeira cristã a participar do triunfo definitivo sobre a morte, que atinge todo o nosso ser: corpo, alma e espírito. A finalidade deste dogma é despertar os homens para o futuro feliz reservado a todos os que obedecem à Palavra de Deus.

A Assunção de Nossa Senhora em corpo e alma encontra a sua fundamentação bíblica em duas outras verdades de fé: a sua maternidade virginal e a Imaculada conceição (isenção do pecado). Somado a isso, segundo o parecer de alguns estudiosos, temos um forte argumento no último livro da Bíblia, o Apocalipse.

Em **Ap 12,1.5-6.14** é apresentada uma Mulher **"revestida do sol... que deu à luz um Filho, um menino, aquele que deve reger todas as nações pagãs com cetro de ferro"**, levada por Deus a um lugar seguro dos ataques de Satanás: **"Ela deu à luz um Filho, um menino, aquele que deve reger todas as nações pagãs com cetro de ferro. Mas seu filho foi arrebatado para junto de Deus e do seu trono. A mulher fugiu para o deserto, onde Deus lhe tinha preparado um retiro para aí ser sustentada por mil duzentos e sessenta dias... Mas à mulher foram dadas duas asas de grande águia, a fim de voar para o deserto, para o lugar de seu retiro, onde é alimentada por um tempo, fora da cabeça da serpente".**

Essas palavras são a confirmação da profecia de Gn 3,15, em que é anunciada a inimizade entre a mulher e a serpente. Ao mesmo tempo, fala-se do nascimento de uma criança e da derrota do dragão, **"a primitiva Serpente, chamada demônio e Satanás, o sedutor do mundo inteiro"** (Ap 12,9). Em Belém Maria concebeu Jesus, o Messias, que na cruz venceu Satanás. Tudo aponta para a mãe de Jesus e confirma a sua presença especial no plano da salvação. E no final de sua passagem pela terra foi elevada ao céu: **"à mulher foram dadas duas asas de grande águia..."** (Ap 12,14).

Capítulo 7

UM RETRATO DE MARIA

Outra curiosidade sobre Maria, mãe de Jesus e nossa mãe do céu, é o desejo de saber como ela era de fato. Um dos únicos retratos ou descrições de Nossa Senhora do começo do cristianismo foi apresentado por Santo Epifânio.

De acordo com este bispo, a Virgem Maria não era alta, tinha uma estatura um pouco mais que mediana; sua pele era bronzeada pelo sol de sua terra e refletia o colorido dourado das espigas; seus cabelos eram ruivos; seus olhos, vivos com pupilas de cor pouco acentuada; sobrancelhas escuras; nariz formoso; mãos e dedos largos.

Era a mais perfeita expressão da graça divina unida com a beleza humana. Esta beleza de Maria é uma certeza que foi confirmada por aqueles que a conheceram pessoalmente, e depois passada adiante, de geração a geração, pelos primeiros cristãos.

Porém, o importante é perceber que a beleza da Virgem não era devido ao acúmulo de perfeições naturais, mas brotava de uma fonte superior. O atrativo exterior foi somente o meio para transparecer a sua beleza maior: as virtudes interiores de sua alma, a mais pura entre todas as mulheres.

A beleza natural de Nossa Senhora era apenas um pequeno reflexo da riqueza espiritual que habitava em seu coração. Entre todas as mulheres, foi a única saudada pelo anjo como **"cheia de graça"**, por ser a mais pura e santa.

Maria era simples, boa, compassiva, sempre se mostrava atenta às aflições alheias e entendia aqueles que erravam. Nossa Senhora falava pouco, e a mentira nunca tinha espaço em seus lábios. Sua voz era doce e penetrante; suas palavras possuíam uma bondade natural e a força do consolo, derramando paz a todos.

Sempre era a primeira nas vigílias de oração e no cumprimento da Palavra de Deus. Nunca ofendeu ninguém, nem condenou ou reprovou os defeitos alheios.

Maria era inimiga da ostentação, simples no vestir e no agir. Nunca sentiu desejo de exibir sua beleza, sua descendência antiga e nobre, nem os tesouros que enriqueciam sua mente e seu coração. Sua presença parecia santificar todos os que estavam ao seu redor, e bastava vê-la para afastar todo pensamento terreno.

A gentileza de Nossa Senhora com todos não era somente para agradar às pessoas, mas a expressão sincera da presença de Deus que brotava de sua alma. Enfim, tudo nela respirava a mãe da Misericórdia.

Capítulo 8

AS APARIÇÕES DE NOSSA SENHORA

Um dos aspectos extraordinários da devoção mariana são as suas diversas aparições. Não se trata de um fenômeno recente, como à primeira vista poderia parecer, mas de uma realidade com suas raízes no início do cristianismo. As aparições de Nossa Senhora começaram por volta do ano 40 d.C., manifestando-se primeiro ao apóstolo São Tiago, em Saragoça, Espanha. Daí até os nossos dias Deus tem enviado a Virgem Maria para que, dos modos mais diferentes, fale ao coração dos homens e mulheres de boa vontade.

Para aqueles que têm certa dificuldade em aceitar a possibilidade de uma aparição, é importante ter presente o modo como Deus revelou seu plano de Salvação. Está escrito: **"Muitas vezes e de diversos modos outrora falou Deus aos nossos pais pelos profetas.**

Ultimamente nos falou por seu Filho, que constituiu herdeiro universal, pelo qual criou todas as coisas" (Hb 1,1).

Toda a Bíblia foi escrita a partir de uma intervenção divina. Esses fatos aconteceram para dar início a uma ação mais profunda de Deus junto aos homens, e também como meio para que o povo escolhido não perdesse a visão de sua presença constante, especialmente em tempos de graves pecados.

Por exemplo, a história da salvação começou com a experiência sobrenatural de um homem com Deus. **"O Senhor disse a Abrão: Deixa tua terra, tua família e a casa de teu pai, e vai para a terra que eu te mostrar. Abrão partiu como o Senhor lhe tinha dito..."** (Gn 12,1.4). Abraão somente foi capaz de iniciar a sua jornada de fé movido pela certeza de Deus tê-lo visitado e falado com ele. Esta experiência o sustentou em toda a sua caminhada, principalmente nos momentos de duras provas.

A libertação dos hebreus da escravidão do faraó do Egito é revelada pela Bíblia como um diálogo de Deus com Moisés. Primeiro o anjo do Senhor aparece **"numa chama (que saía) do meio de uma sarça..."** (Ex 3,2), a seguir o próprio Senhor **"chamou-o do meio da sarça: 'Moisés, Moisés!'"** (Ex 3,4), e finalmente **"o Senhor disse: 'Eu vi, eu vi a aflição de meu**

povo que está no Egito, e ouvi os seus clamores por causa de seus opressores. Sim, eu conheço seus sofrimentos!'" (Ex 3,7). Para Moisés e para o povo que deixou gravado esse testemunho, Deus de fato falou, manifestou seu poder confundindo o poderoso soberano do Egito e conduziu seu povo pelo deserto até a terra prometida.

Na história de Israel também foram marcantes as intervenções de Deus por meio dos profetas. Esses homens saíam do meio do povo com a missão de anunciar uma mensagem de Esperança e denunciar o pecado. Seu trabalho acontecia principalmente em momentos difíceis, como afastamento da lei de Deus, imoralidade, injustiça social... Em nome de Deus chamavam o povo a voltar à fidelidade à Aliança. Agiam pela convicção de estarem falando em nome de Deus. O profeta Jeremias descreve a sua missão com as seguintes palavras: **"Foi-me dirigida nestes termos a Palavra do Senhor: 'Antes que no seio fosses formado, eu já te conhecia; antes de teu nascimento, eu já te havia consagrado e te havia designado profeta das nações'"** (Jr 1,4-5).

Por fim, quando chegou a plenitude dos tempos, Deus veio falar conosco por meio do seu Filho único, Jesus Cristo. Ele pregou a Palavra, perdoou os pecadores, libertou os oprimidos, curou os doentes, sempre em nome de Deus. Quando Filipe pediu-lhe para ver o

Pai, respondeu: **"Aquele que me viu, viu também o Pai"** (Jo 14,9). Depois de sua morte, apareceu ressuscitado durante quarenta dias. **" ... apareceu a Cefas, e em seguida aos doze. Depois apareceu a mais de quinhentos irmãos de uma vez"** (1Cor 15,5-6).

Quem examina com atenção as aparições de Nossa Senhora reconhece certa continuidade dos cuidados amorosos de Deus para com o seu povo. Estas aparições aconteceram em momentos delicados da história da humanidade, e de modo geral provocaram uma reação positiva em seu tempo, assim como estenderam sua influência no futuro.

Também é conveniente ressaltar não serem as aparições nenhuma regra de fé. O católico não é obrigado a crer em nenhuma aparição, nem naquelas aprovadas pela Igreja. A Bíblia, a Tradição e o Magistério são as colunas indispensáveis para uma saudável vida cristã.

Como avaliar uma aparição

O sobrenatural exerce um fascínio sobre a maioria das pessoas. Nesse sentido é necessário ter discernimento para analisar com prudência a mensagem e a pessoa ligada a uma aparição. Este é um critério válido para todas as práticas religiosas. É preciso atenção para reconhecer onde de fato Deus está presente. Satanás não se manifesta somente por meio de falsas doutrinas ou religiões; para causar embaraços à Igreja de Cristo, também semeia confusão em seu interior. Quem nos adverte desse perigo é o próprio Jesus: **"... se alguém vos disser: 'Eis, aqui está o Cristo!' Ou: 'Ei-lo acolá!' Não creiais, porque se levantarão falsos cristos, e falsos profetas que farão milagres a ponto de seduzir, se isto fosse possível, até mesmo os escolhidos"** (Mt 24,23-24).

A mensagem de uma aparição não pode acrescentar nada à verdade revelada por Deus em sua Palavra e confiada aos cuidados da Igreja e seus pastores. Ela deve levar a uma maior intimidade com Deus e à prática de sua Palavra.

Os videntes devem apresentar uma saúde psicoemocional equilibrada. Também devem ser humildes e obedientes às orientações da autoridade da Igreja, até quando esta pede um tempo de silêncio. Em todas as aparições autênticas, os videntes sempre souberam dar este testemunho de amor a Deus aceitando as orientações dos seus legítimos pastores, principalmente a palavra dos bispos locais. **"Sede submissos e obedecei aos que vos guiam (pois eles velam por vossas almas, e delas devem dar contas)"** (Hb 13,17).

Há de se cuidar para não transformar a mensagem de uma aparição em algo paralelo à revelação de Deus contida na Bíblia. Por mais profunda que seja uma mensagem, jamais será igual ou mais importante que a Palavra de Deus. Para algumas pessoas é difícil aceitar esta realidade, entretanto, é um critério para evitar graves enganos.

Os videntes não podem ser vistos como pessoas diferentes das demais. A atenção não pode estar voltada para eles, e sim para a mensagem.

Antes de correr atrás de uma possível aparição ou manifestação sobrenatural, é necessário perguntar:

— Por que está acontecendo este fato? Qual o seu conteúdo e fruto? A Palavra de Deus, a oração pessoal, a participação nos sacramentos, principalmente a Eucaristia, a reconciliação e a prática da caridade têm florescido?

— Se os videntes não eram católicos praticantes, passaram a sê-lo após a aparição? Freqüentam a paróquia local? São discretos ou gostam de chamar a atenção sobre si?

— Qual a posição da Igreja? (Todo católico tem a liberdade de crer em possíveis aparições, estando sempre pronto a acatar a palavra final da Igreja.)

A Igreja católica é prudente em sua avaliação de revelações privadas pela possibilidade de existirem exageros ou fraudes. Após a aparição de Lourdes, em 1858, foram contadas na Europa uma centena de possíveis aparições de Nossa Senhora. Depois de um estudo, nenhuma foi reconhecida. Constatou-se serem algumas fruto de pessoas contagiadas pela onda de aparições. Em outras existiu má-fé, tentando obter alguma vantagem financeira.

Capítulo 9

ALGUMAS APARIÇÕES MARIANAS

Nossa Senhora do Pilar — Saragoça, Espanha (cerca de 40 d.C.)

Esta é considerada a primeira aparição de Nossa Senhora. Aconteceu a São Tiago Maior, irmão de São João e filho de Zebedeu, durante a sua missão de pregar a Palavra de Deus na Espanha.

Na noite de 2 de janeiro do ano 40 d.C., São Tiago e seus discípulos **ouviram vozes de anjos cantando Ave-Maria, gratia plena e viram a Virgem Mãe de Cristo em pé em um pilar de mármore.** Nossa Senhora pediu que fosse construída uma igreja: **"Este local será minha casa, e esta imagem e esta coluna constituirão o nome e o altar do templo que você deve construir".**

A coluna e a estátua ainda podem ser vistas, em ocasiões especiais, numa igreja que as têm sob guarda. Tiago e seus discípulos imediatamente deram início à construção de uma pequena capela em honra de Maria — a primeira igreja dedicada à Virgem Maria. Depois que Tiago retornou a Jerusalém, foi executado sob Herodes Agripa, em cerca de 44 d.C. — o primeiro apóstolo a testemunhar sua fé com o martírio. Alguns dos seus discípulos recuperaram seu corpo e o levaram para ser sepultado na Espanha. Ele encontra-se no Santuário de Santiago de Compostela.

Santa Maria Maior — Roma, Itália (cerca de 352 d.C.)

No século IV, grande parte do império romano já praticava o cristianismo. Alguns romanos piedosos começaram a dedicar sua fortuna a honrar Maria e os Apóstolos, construindo santuários e igrejas a eles dedicados. Os nobres João Patrício e sua esposa haviam sido abençoados com a abundância de bens e fé. Como não podiam ter filhos, resolveram deixar sua fortuna para a Virgem Maria.

Nossa Senhora, agradecida, concedeulhes a graça de uma aparição. Na noite de 4 de agosto, em sonho, pediu que construíssem uma basílica no monte Esquilino, uma das sete colinas de Roma. Prometeu um sinal especial: um punhado de neve.

João decidiu contar o sonho ao Papa Libério; quando o fez, este disse-lhe que havia tido o mesmo sonho. Em 5 de agosto, enquanto brilhava o sol forte de verão, dirigiram-se ao lugar indicado, em cujo topo encontraram neve, desenhando o contorno de uma igreja.

Iniciaram imediatamente a construção da igreja, obedecendo ao esboço sugerido pela neve. Essa é a origem da Basílica de Santa Maria Maior, em Roma, que comemora sua fundação no dia 5 de agosto.

Nossa Senhora do Rosário — Prouille, França (1208)

São Domingos de Gusmão, pregador espanhol, foi ao sudeste da França a fim de pregar o evangelho aos que haviam abandonado a Igreja para seguir a heresia albigense. Essa doutrina ensinava que existiam dois deuses: um do bem, criador do mundo espiritual; e outro do mal, criador da matéria. Para os seguidores dessa crença o corpo era um mal; desse modo, como Jesus teve um corpo, não poderia ser Deus. Seu trabalho era difícil, e os resultados eram poucos.

Durante anos São Domingos enfrentou muitas dificuldades, poucos voltavam para a

Igreja. Para ajudá-lo neste trabalho, fundou um convento, onde tinha uma capela dedicada a Nossa Senhora. Todos os dias ele suplicava à Virgem Maria que o ajudasse em sua missão. Um dia a mãe de Jesus apareceu na capela. Em sua mão trazia um rosário. São Domingos recebeu esta ordem: **"Domingos, ensina em todas as partes o rosário. Eu o recomendo a você e aos seus seguidores. O rosário é um remédio pronto e eficaz contra todos os males"**.

São Domingos obedeceu ao pedido de Nossa Senhora e passou a ensinar o povo a recitar o rosário. O povo começou a voltar para a fé católica.

Nossa Senhora do Monte Carmelo — Aylesford, Inglaterra (1251)

A contínua influência de Maria no desenvolvimento do cristianismo na Inglaterra evidenciou-se novamente por ocasião de sua aparição a Simão Stock, que ingressou na ordem religiosa de Nossa Senhora do Monte Carmelo quando peregrinava à Terra Santa. Em sua aparição a Frei Stock, Maria confiou-lhe o Escapulário Marrom (duas peças do tecido marrom usualmente empregado na confecção do hábito dos monges, bordadas com uma imagem de Nossa Senhora do Monte Carmelo e pregadas juntas por um cordão —

usado sobre os ombros; fica uma peça sobre o peito e a outra nas costas do fiel): **"Meu amado filho, recebe este escapulário para a tua Ordem. Ele é sinal de um especial privilégio que obtive para ti e para todos os filhos de Deus que me honrarem como Nossa Senhora do Monte Carmelo. Os que morrerem devotamente vestidos com este escapulário serão preservados do fogo eterno. O escapulário marrom é penhor de salvação. O escapulário marrom é um escudo em tempo de perigo. O escapulário marrom é sinal de paz e proteção especial, até o fim dos tempos"**.

Após esta aparição, Frei Stock dedicouse ao estabelecimento de comunidades carmelitas nas cidades universitárias da Inglaterra, França e Itália. Ele tornou-se o Superior-Geral de sua Ordem, alguns anos após a aparição de Nossa Senhora. Até bem recentemente, o escapulário marrom foi um dos mais usados símbolos religiosos de dedicação pessoal à missão de Maria, expressa em suas últimas palavras registradas na Bíblia (Jo 2,5).

A Madona Negra — Czestochowa, Polônia (1382)

A Madona Negra é uma pintura de Nossa Senhora com o Menino Jesus, cuja autoria é atribuída ao Evangelista São Lucas. Acreditase que foi pintada sobre um tampo de madeira de uma mesa feita por Jesus. Enquanto posava para Lucas, Maria teria lhe relatado os pormenores da Anunciação e da infância de Jesus, que Lucas mais tarde incorporaria ao seu evangelho. A pintura apareceria novamente em 326 d.C., quando Santa Helena a encontrou em Jerusalém, por ocasião de uma peregrinação à Terra Santa. Ela presenteou com a pintura seu filho, o Imperador Constantino, que mandou construir para ela um santuário em Constantinopla. Numa batalha dura contra os sarracenos, a pintura foi exibida sobre os muros da cidade, salvando-a assim da invasão.

Mais tarde, ela passou às mãos de Carlos Magno, que a deu de presente ao príncipe Léo da Rutênia (Hungria). Ela permaneceu no palácio real da Rutênia até a invasão do século XI. O rei orou a Nossa Senhora para que auxiliasse seu pequeno exército; em resposta às suas súplicas, uma densa escuridão desceu sobre as tropas inimigas, que, confusas, começaram a atacar-se mutuamente. A Rutênia foi salva por esta intervenção. No século XIV, ela foi transferida para o Monte de Luz (o Santuário de Jasna Gora), na Polônia, em resposta a uma solicitação feita num sonho ao príncipe Ladislau de Opola.

Esta história maravilhosa passou a ser mais bem documentada a partir do príncipe Ladislau. Em 1382, invasores tártaros atacaram a fortaleza do príncipe em Belz. No curso desse ataque, uma flecha tártara atingiu a pintura, alojando-se na garganta da Madona. O príncipe, temendo que ele próprio e a pintura famosa viessem a cair nas mãos dos tártaros, fugiu durante a noite, refugiando-se na cidade de Czestochowa, onde a pintura foi alojada numa pequena igreja. A seu tempo, o príncipe fez construir um mosteiro paulino e uma igreja, a fim de abrigar em segurança a imagem. Em 1430, os hussitas invadiram o mosteiro e tentaram levar o retrato. Um dos invasores atingiu duas vezes a pintura com sua espada, mas antes de desferir uma terceira estocada caiu ao solo em agonia e morreu. Tanto os cortes da espada como a perfuração da flecha são ainda visíveis no quadro.

Mais tarde, em 1655, a Polônia foi quase totalmente tomada pelas forças do rei da Suécia, Carlos X. Apenas a área em torno do mosteiro foi protegida. De algum modo sobrenatural, os monges resistiram a um cerco de quarenta dias, até que a Polônia expulsou os invasores de todo o seu território. Após essa notável seqüência de eventos, Nossa Senhora de Czestochowa tornou-se o símbolo da unidade nacional e foi coroada Rainha da Polônia. O rei da Polônia colocou oficialmente o país sob a proteção de Nossa Senhora. Um fato mais recente em torno da pintura envolveu a ameaça de invasão da Polônia pela Rússia. Em 1920, o exército russo foi avistado manobrando maciçamente nos bancos de areia do rio Vistula, ameaçando Varsóvia, quando uma imagem da Virgem apareceu nas nuvens sobre a cidade. As tropas russas retiraram-se à sua vista.

Ao longo dos séculos, muitos foram os testemunhos de curas e outros fenômenos milagrosos ocorridos com fiéis que peregrinaram ao santuário onde está guardada a pintura. Ela é conhecida como "A Madona Negra" por causa da fuligem acumulada sobre sua superfície, fruto de séculos de velas votivas queimadas junto dela. Com o declínio do comunismo na Polônia, as peregrinações à Madona Negra aumentaram notavelmente.

Nossa Senhora de Guadalupe — México (1531)

Entre os inúmeros indígenas convertidos ao cristianismo na descoberta do Novo Mundo, e de modo especial no México, destacou-se um índio asteca chamado Juan Diego. Numa de suas idas de madrugada da sua aldeia para a cidade do México para participar do catecismo e da santa missa, a Virgem Maria lhe apareceu. Juan caminhava por uma colina conhecida como Tepeyac quando encontrou uma bela Senhora, cercada por um círculo de luz brilhante como o sol. Falando o idioma de Juan Diego, a bela Senhora identificou-se: **"Juanito, menor dos meus filhos, fica sabendo que sou Maria, sempre Virgem,**

Mãe do Deus verdadeiro que dá vida e mantém a existência. Ele criou todas as coisas. Ele está em todos os lugares. Ele é o Senhor do céu e da terra. Eu desejo que seja construído um templo para mim neste lugar, onde o teu povo possa experimentar a minha compaixão, auxílio e proteção. Todos os que sinceramente pedirem a minha ajuda em suas tribulações e dores conhecerão meu Coração Maternal neste lugar. Aqui eu verei as suas lágrimas; consolá-los-ei e eles encontrarão paz. Por isso, corre agora a Tenochtitlan e conta ao Bispo tudo o que aqui viste e ouviste".

Juan, que na época tinha 56 anos de idade e que nunca estivera em Tenochtitlan, respondeu imediatamente ao pedido de Nossa Senhora. Foi ao palácio do Bispo Frei Juan de Zumarraga e solicitou uma audiência. Quando foi recebido, o Bispo disse-lhe que tomaria em consideração o pedido de Nossa Senhora e convidou Juan Diego a visitá-lo novamente, se assim o desejasse. Juan Diego sentiu-se desapontado com a resposta do Bispo e considerou-se indigno da missão. Retornou à colina onde primeiramente encontrara a Senhora, e ali já estava ela à sua espera. Ele suplicou-lhe que enviasse alguém mais capacitado ao Bispo. Ela respondeu-lhe: **"Ouve, filho meu, o mais desamparado: sabes em teu coração que não são poucos os meus servidores e mensageiros, a quem posso dar o encargo de levar o meu pensamento e a minha**

palavra para que cumpram minha vontade. Mas é de absoluta necessidade que sejas tu mesmo a ir e a falar disso, e que precisamente com tua mediação e ajuda se faça realidade meu desejo e minha vontade".

Instruiu-o então a retornar ao Bispo no dia seguinte e repetir o pedido. No domingo, após esperar novamente por horas, Juan encontrou-se com o Bispo, que lhe solicitou que pedisse à Senhora uma prova da verdade de sua mensagem. Juan determinou-se a obter um sinal da Senhora do Céu, que o enviara.

Nesse meio tempo, Juan não pôde retornar ao local de encontro, pois encontrou seu tio, Juan Bernardino, doente de varíola e nas últimas. Ficou a seu lado para socorrê-lo. Após dois dias, estando seu velho tio à beira da morte, Juan deixou sua cabeceira em busca de um sacerdote. Tinha de atravessar a Colina de Tepeyac para chamar o sacerdote. Com receio de ser retardado pela Senhora, evitou o caminho onde a encontrara outras vezes. Mas aquela que a todos vê, veio do cume diretamente em sua direção. Perguntou-lhe aonde ia, e uma vez inteirada das suas intenções e problemas, disse-lhe: **"Ouve e guarda em teu coração, filho meu, o mais desamparado: é nada o que te assusta e abate; não te perturbes, não temas essa enfermidade, nem outro padecimento qualquer ou algo angustioso. Acaso não sou eu a tua Mãe? Não es-**

tás sob minha sombra e proteção? Acaso não sou eu a tua fonte de vida? Não estás na dobra do meu manto, justamente onde cruzo os meus braços? Que nada te angustie nem te cause amarguras. Que a enfermidade de teu tio não te aflija. Porque não há de morrer dessa doença. Crê no teu coração que ele já está curado" (naquele mesmo instante, seu tio foi curado, como se soube depois).

Juan creu e acalmou-se. Falou à Senhora do sinal exigido pelo Bispo. Ela então o instruiu: **"Sobe, filho meu, o mais desamparado, colina acima, e ali onde me viste e onde te dei ordens, nesse mesmo lugar verás diversas flores desabrochadas; corta-as, junta-as, reúne-as em teu manto, e desce logo para cá, trazendo-as a mim"**.

Embora estivesse gelado na encosta da montanha, Juan obedeceu às instruções de Maria e dirigiu-se ao topo da montanha, onde encontrou uma florada de rosas de Castela. Ele as colheu e envolveu em sua tilma (um manto feito de fibras de cactos) para levá-las a Maria. Ela rearranjou as rosas na tilma e ordenou-lhe: **"Filho meu, o mais desamparado, essas flores são a prova, o sinal que levarás ao Bispo. Dirás a ele que nelas veja o que eu quero e com isso realize a minha vontade. Tu és o meu embaixador, em ti ponho a minha confiança. Ordeno-te fortemente que só na presença do Bispo abras a tua man-**

ta e descubras o que levas. Contarás tudo, dirás a ele como te mandei subir ao topo da colina e tudo o que viste e admiraste. Com isso vais mudar o coração do senhor Bispo, para que faça o que estiver ao seu alcance para erguer o templo que lhe pedi".

No palácio, Juan apresentou-se novamente diante do Bispo e de vários de seus assessores. Ele contou-lhe sua história e abriu o manto, deixando cair as flores. Mas não foi à vista das flores que o Bispo e seus assessores caíram de joelhos, e sim diante da imagem de Nossa Senhora, exatamente como Juan a descrevera, impressa no manto. No dia seguinte, após deixar a tilma na Catedral, Juan levou o Bispo ao local onde encontrara Maria. Ele retornou então à sua vila, onde encontrou seu tio completamente curado. Este lhe contou que fora visitado por uma bela Senhora, cercada de suave luz, que lhe contou que enviara seu sobrinho a Tenochtitlan com uma pintura de si mesma. Ela disse ao tio: **"Chame-se a mim e à minha imagem 'Virgem Santa Maria de Guadalupe'"**.

Acredita-se que a palavra Guadalupe seja uma corruptela da tradução espanhola de uma palavra indígena que no dialeto local soava como "coatlaxopeuh" ou "coatlalloppe", que quer dizer "a que esmaga a serpente com o pé".

Nos seis anos seguintes às aparições de Nossa Senhora de Guadalupe, seis milhões de astecas converteram-se ao catolicismo. A tilma mostra Maria como a Mãe de Deus: ela se apresenta grávida de seu Divino Filho.

A capela pedida por Nossa Senhora a Juan Diego foi construída por espanhóis e índios conjuntamente, e inaugurada em 26 de dezembro de 1531, apenas duas semanas após a imagem de Nossa Senhora ficar miraculosamente estampada na tilma de Juan Diego. Este foi encarregado da guarda da Imagem, recebendo os milhares de peregrinos até o fim de seus dias.

Medalha Milagrosa (Nossa Senhora das Graças) — Rue du Bac, Paris, França

Trata-se de uma aparição simples e ao mesmo tempo rica de conteúdo espiritual. Nossa Senhora apareceu duas vezes a uma humilde freira chamada Catarina Labouré.

Na aparição da noite de 18 para 19 de julho de 1830, Catarina escreve: **"Às onze e meia da noite, ouvi alguém chamando-me: 'Irmã, irmã!'. Lá estava um misterioso menino, que me diz: 'A Santíssima Virgem a espera'... Vesti-me depressa e me dirigi para o lado do menino. Eu o segui pelos corredores do convento. Por todos os lugares onde passávamos, as luzes estavam acesas, o que me espantava muito. Porém, muito mais surpresa fiquei quando entrei na Capela: a porta se abriu mal o menino a tocara com a ponta**

do dedo. Entretanto, não via a Santíssima Virgem. O menino me conduziu ao presbitério, ao lado da cadeira do padre. Ali me pus de joelhos, e o menino permaneceu de pé todo o tempo. Por fim, o menino anuncia: 'Eis a Santíssima Virgem!'. A conversa com Nossa Senhora prolongou-se por aproximadamente uma hora e meia. A Santíssima Virgem orientou-me como devia proceder com o meu diretor espiritual e muitas outras coisas".

Catarina completa o seu relato: **"Deus, minha filha, quer encarregar-vos de uma missão... os tempos são maus... o mundo inteiro será assolado por desgraças de toda espécie... mas vinde ao pé deste altar. Aqui as graças serão derramadas sobre todas as pessoas que as pedirem com confiança e fervor. Serão derramadas sobre os grandes e os pequenos..."**.

Em 27 de novembro de 1830 aconteceu uma nova aparição, em que a Virgem Maria explicou o que seria a missão confiada por Deus. Nessa ocasião Nossa Senhora apareceu de pé, envergando um vestido de seda branco-aurora, com os pés apoiados em uma bola. Nas mãos tinha um globo e os seus olhos estavam erguidos para o céu. Também apareceram letras de ouro onde lia-se: **"Ó Maria concebida sem pecado, rogai por nós que recorremos a vós"**.

A própria Virgem explicou o significado de tudo o que Catarina via: **"Este globo que vedes, representa o mundo inteiro... cada**

pessoa em particular... Os raios são as graças que eu derramo sobre as pessoas que as pedem".

Por fim Nossa Senhora disse a Santa Catarina Labouré: **"Manda cunhar uma medalha por este modelo. As pessoas que a trouxerem receberão grandes graças; as graças serão abundantes para as pessoas que tiverem confiança"**.

A aparição de Lourdes

Em 11 de fevereiro de 1858, Nossa Senhora apareceu a Bernadette Soubirous. Ela tinha somente catorze anos, não sabia ler nem escrever, e a sua família era uma das mais pobres de Lourdes, pequena aldeia dos Pireneus, na França.

Era uma quinta-feira. Bernadette, sua irmã Maria e uma amiga buscavam lenha para o fogo de suas casas. Chegaram a um lugar onde existia um riacho. Maria e sua amiga atravessaram o rio, mas Bernadette, por causa de sua saúde, permaneceu esperando em terra seca.

Nesse meio tempo, escutou um barulho, como se fosse uma tempestade. O som parecia sair de uma gruta conhecida como Massabielle. Na entrada da gruta, uma moita se movia como que agitada por forte vento. No interior da gruta, Bernadette viu uma nuvem dourada e, logo após, uma jovem e bela Senhora, que foi até a entrada da gruta, em cima da pequena árvore.

A Senhora sorriu para Bernadette e acenou-lhe para que se aproximasse. Perdendo todo o medo, Bernadette caiu de joelhos para rezar o Rosário. Após haverem ela e a Senhora completado as orações (das quais a Senhora somente rezou os Pai-Nossos e o Glória), a Senhora deslizou lentamente para o interior da gruta e desapareceu.

Nossa Senhora apareceu dezoito vezes para Bernadette. Durante essas ocasiões deu várias recomendações à pequena menina:

— **Pedirá a Deus pelos pecadores.**
— **Penitência, penitência, penitência.**
— **Vá beber à fonte e lavar-se lá.**
— **Vá comer daquela erva que ali está.**
— **Vá beijar a terra como penitência pelos pecadores.**
— **Vá dizer para os padres que mandem construir aqui uma capela.**
— **Quero que venham aqui em procissão.**

Em 25 de março, na festa da Anunciação, a pedido do padre do lugar, que estava duvidando das aparições, Nossa Senhora disse pela primeira vez o seu nome: **"Eu sou a Imaculada Conceição"**. Essas palavras ressoam como uma continuidade da aparição da medalha milagrosa, e ao mesmo tempo a confirmação do céu, a proclamação do dogma da Imaculada Conceição, feita por Pio IX em 1854.

A mensagem de Lourdes se resume em três pontos:

— **convite à oração:** principalmente o terço, na intenção da conversão dos pecadores;

— **chamado à penitência:** que significa uma volta de todo coração para Deus (conversão), afastando-se de todo mal e reproduzindo em nossa vida a mensagem de Jesus Cristo. Também significa redescobrir o valor do sacramento da penitência (confissão) como meio para crescer na santidade;

— **amor à Igreja:** o fato de ter pedido a construção de uma capela demonstra a preocupação de Nossa Senhora em indicar o caminho para alimentar a fé. A igreja é o lugar onde se reúne a família de Deus para ouvir a Palavra e celebrar a Eucaristia.

Bernadette tornou-se freira, dedicando-se inteiramente ao serviço de Deus. A Igreja a elevou aos altares em 1933. Sua canonização não aconteceu em virtude das aparições, mas muito mais pelo seu exemplo de vida simples e humilde.

A história de Fátima

Em 13 de maio de 1917, três crianças, Jacinta Marmo, Francisco Marmo e Lúcia dos Santos, de 7, 9 e 10 anos de idade, respectivamente, estavam guardando o seu rebanho no campo a pouca distância das suas casas, em Aljustrel, uma pequena localidade a cerca de um quilômetro e meio de Fátima. Depois de encontrarem uma boa pastagem para o rebanho, começaram a brincar. No meio das brincadeiras, um súbito raio de luz num céu encoberto fê-los parar. Pensando ser o sinal de uma trovoada que se aproximava, correram para o rebanho para encontrar um abrigo.

A linda Senhora

Chegando ao sopé de um pequeno **monte**, na direção oposta à **atual** Basílica, os seus **olhos** ficaram maravilhados **com uma aparição celestial.** Uma Senhora, tão linda **que não** podia ser desta terra, **olhava-os com bondade** e afeto maternal. **"Não tenham medo"**, disse a linda mulher. **"Eu não vos farei mal."** As crianças estavam encantadas com a glória **celestial** desta aparição. **Ela** parecia ter cerca de 18 anos de idade. O seu vestido, todo de **luz, e da cor da neve, tinha à volta** da cintura um cordão **de ouro**. **Um véu branco** adornado **com ouro** cobria **sua cabeça e os seus**

ombros e caía-lhe até os pés, tal como o vestido. Dos seus dedos, que estavam unidos à **altura do peito** em atitude de **oração, pendia um Rosário** brilhante, ao qual estava unida uma cruz prateada.

Passado algum tempo, **Lúcia** arranjou coragem e perguntou: "De onde a Senhora é?".

"Sou do Céu", respondeu a Senhora.

"Do Céu?! E por que vem aqui?"

"Venho pedir-vos para virdes aqui, durante os próximos 6 meses, no dia 13 de cada mês, a esta mesma hora. No mês de outubro, dir-vos-ei quem sou e o que quero."

"Estais dispostos a sofrer?"

Então a Senhora fez uma pergunta importante: **"Quereis oferecer-vos a Deus, fazendo sacrifícios e aceitando voluntariamente todos os sofrimentos que Ele desejar enviar-vos, em ato de reparação por tantos pecados, que ofendem a Sua Divina Majestade, para obter a conversão dos pecadores e fazer reparação por todas as blasfêmias e ofensas contra o Imaculado Coração de Maria?"**

"Sim, queremos."

Isso agradou à Senhora e Ela disse: **"Tereis muito que sofrer, mas a graça de Deus ajudar-vos-á e Eu dar-vos-ei a força necessária"**. Depois disse às crianças para rezarem o **terço** devotamente **todos os dias,** para obter a paz, subiu rapidamente em direção ao Oriente, e logo desapareceu na luz do Sol.

13 de junho

Um mês depois, as crianças foram ao lugar de encontro acompanhadas por 60 curiosos. Após terem rezado o terço, a Senhora apareceu novamente. Ela pediu-lhes novamente a recitação diária do terço, e disse-lhes que voltaria em 13 de julho.

13 de julho

Depois de terem enfrentado muita oposição, sofrido muito com o desprezo e os escárnios das pessoas da aldeia, as crianças voltaram à cena das aparições. A visita do Céu pediu-lhes novamente para recitarem diariamente o terço. Constrangida pelas provas que tinha suportado, Lúcia perguntou-lhe quem Ela era e se podia fazer um milagre para convencer os escarnecedores e os incrédulos. A Senhora fez uma promessa que em breve ressoaria por todo Portugal, e que levaria uma grande multidão ao lugar das aparições: **"Continuai a vir aqui no dia 13 de cada mês, e em 13 de outubro dir-vos-ei quem sou e o que quero, e farei um grande milagre para que todos possam acreditar"**.

Nessa ocasião, a linda Senhora abriu as mãos, das quais foi projetado um raio de luz que penetrou nas profundezas da terra. **"Nós vimos um vasto mar de fogo"**, escreve Lúcia, **"no qual estavam mergulhados, enegrecidos e queimados, demônios e almas em forma humana como carvões transparentes. Lançados ao ar pelas chamas, caíam em todas as direções, como faíscas num fogo imenso, sem peso ou equilíbrio, no meio de altos gritos e horríveis gemidos de dor, que nos causavam arrepios e nos faziam tremer de medo. (Foi provavelmente nesta cena que eu gritei: 'Oh!', que as pessoas presentes dizem ter ouvido.) Os demônios distinguiam-se pelas formas terríveis e repelentes de animais desconhecidos, horríveis, como carvões de fogo, negros e, no entanto, transparentes."**

"Esta cena durou um instante, e temos de agradecer à Nossa Mãe Celeste que nos preparou antes, prometendo levar-nos para o Céu com Ela, senão acho que teríamos morrido de medo e de terror."

Depois dessa cena terrível da perda das almas, a Visão disse: **"Vistes o Inferno, para onde vão as almas dos pecadores. Para as salvar, o Senhor quer estabelecer no mundo a devoção ao Meu Imaculado Coração. Se as pessoas fizerem o que Eu peço, muitas almas serão salvas, e haverá paz"**.

"Se os meus pedidos forem atendidos", continuou a Senhora, **"a Rússia converter-se-á e haverá Paz; se não, a Rússia espalhará os seus erros pelo mundo, promovendo novas guerras e perseguição à Igreja; os bons serão martirizados e o Santo Padre terá muito que sofrer; várias nações serão aniquiladas. Mas no fim o Meu Imaculado Coração triunfará. O Santo Padre consagrar-me-á a Rússia, que se converterá, e será dado ao mundo algum tempo de Paz. Em Portugal, conservar-se-á sempre o dogma da fé."**

As crianças foram impedidas pelas autoridades de ir ao local em agosto, mas em 13 de setembro, cerca de 30.000 pessoas acompanhavam os pastorzinhos ao lugar das aparições. Nesse dia, a Senhora renovou sua promessa de fazer um milagre em 13 de outubro.

Esse fato espalhou-se rapidamente, e Portugal inteiro aguardava impacientemente o dia em que iria confirmar, de uma vez por todas, a autenticidade dos acontecimentos tão falados. Os jornais mandaram os seus repórteres e fotógrafos para cobrirem o acontecimento. Tanto os crentes como os incrédulos estavam excitados com a previsão heróica do milagre público que teria lugar num tempo e lugar indicados.

O grande dia — 13 de outubro de 1917

Quando as crianças, rodeadas, nesse dia, por uma multidão estimada entre 70.000 e 100.000 pessoas, foram novamente confortadas pela linda Senhora, Lúcia fez-lhe uma pergunta direta, cuja resposta já tinha sido prometida:

"Quem é a Senhora, e o que deseja?"

A Senhora respondeu imediatamente: **"Sou a Senhora do Rosário. Quero, aqui, uma Capela construída em minha honra. O terço deve ser rezado todos os dias. Os homens têm de corrigir seus erros e pedir perdão a Deus pelos seus pecados"**. E então, com profunda tristeza, Ela acrescentou: **"Os homens não devem ofender mais a Nosso Senhor, que já está muito ofendido"**.

No momento da sua despedida, Ela abriu as mãos novamente e lançou um raio de luz em direção ao sol. Então começou o milagre do sol, descrito adiante.

As crianças vêem três cenas junto ao sol. Primeiro, vêem os três membros da Sagrada Família: Nossa Senhora do Rosário, vestida de branco e com um manto azul, e à sua esquerda, vestido de vermelho, está São José com o Menino Jesus a abençoar o mundo.

Em seguida aparece Nosso Senhor como homem adulto, abençoando amorosamente o mundo, e, à sua esquerda, Nossa Senhora como Mãe Dolorosa.

Finalmente, a Mãe de Deus aparece como Nossa Senhora do Carmo, com o escapulário na mão.

O grande milagre do sol

O dia 13 de outubro estava frio e triste, a chuva caía forte, à medida que grande número de peregrinos se juntava no local do encontro com a Visitante do Céu.

A seguinte descrição do grande milagre do sol é feita pelo jornalista Avelino de Almeida, diretor do jornal diário **O Século**. **Um dia antes ele tinha escrito um artigo irônico sobre as ditas aparições, nas quais ele via apenas superstição e fraude.**

Eis o que ele escreve na edição da manhã de segunda-feira, 15 de outubro de 1917: **"Então testemunhamos um espectáculo único e incrível para os que não estavam presentes... O sol parecia um prato de prata sem brilho... Não aquecia, nem cegava. Podia-se dizer que ocorria um eclipse. Mas, eis que se ouve um grande grito: 'Milagre, Milagre!'. Diante dos olhos assombrados da multidão, cuja atitude nos leva aos tempos bíblicos, e que, pálidos de medo e de cabeças levantadas, olham para o Céu azul-celeste, o sol tre-**

me, faz movimentos abruptos, nunca antes vistos, e fora de todas as leis cósmicas, o sol 'começa a bailar' como dizem os aldeões... Agora falta apenas fazer uma coisa, que os cientistas expliquem o que aconteceu, do auge dos seus estudos, a fantástica dança do sol, que hoje em Fátima colheu 'Hosanas' dos corações dos fiéis; e que, como pessoas fidedignas me asseguram, impressionou os Liberais, tal como outros sem convicções religiosas, que vieram a este lugar, desde agora, tão celebrado".

O enorme significado

As **sérias** implicações das revelações de Fátima **assentam** no fato que **prova,** pelo **poderoso milagre, a fé dos nossos pais, a fé e o gênio que nos deu nossa civilização cristã.** Confirma de modo dramático as doutrinas cristãs que caracterizaram e formaram a maior civilização que o mundo já conheceu.

Inevitavelmente, o homem morre. Mas continua a viver, depois de morto, no paraíso ou na condenação, na glória infinita ou nas chamas do inferno sem fim.

Capítulo 10

A DEVOÇÃO DAS TRÊS AVE-MARIAS

Esta devoção nasceu como uma fonte de graças especiais na Idade Média. Foi revelada por Nossa Senhora a Santa Matilde de Hackeborn, uma monja beneditina.

Esta santa mulher, ao sentir a proximidade da morte, pediu à Virgem Maria a graça de assisti-la nesse supremo momento. A mãe de Jesus, que já tantas vezes havia ouvido seus pedidos, respondeu-lhe: **"Sim, farei seguramente o que estás pedindo, filha minha, mas te peço a cada dia recitar três Ave-Marias. A primeira Ave-Maria para glorificar o Pai, que, pela grandeza de sua onipotência, exalta com tanta honra minha alma... A segunda para glorificar o Filho de Deus, que, na grandeza de sua sabedoria, me adornou e encheu-me com os dons da ciência e entendimento; eu tenho uma visão maior da**

beatíssima Trindade do que todos os santos, e me rodeou de esplendor... A terceira, para glorificar o Espírito Santo, que derramou em mim a suavidade do Seu amor..."

E a Virgem prometeu: **"Na hora da morte estarei presente, confortando-te e afastando-te de toda força diabólica. Infundirei a luz da fé e o conhecimento para que a tua fé não seja tentada pela ignorância ou erro. Eu te assistirei na hora de tua passagem desta vida, dando à tua alma a suavidade do divino amor..."**

Essa promessa feita a Santa Matilde estendeu-se a todos quantos, acolhendo as palavras de Nossa Senhora, põem em prática o seu pedido.

Santa Gertrudes (+1301) também recebeu uma revelação semelhante. A Virgem Maria, apresentando-se como "o lírio branco da Trindade", afirmou que a prática das três Ave-Marias encontra a sua força no próprio mistério da Santíssima Trindade: **"Quem a venerasse na sua relação com a Trindade, experimentaria o poder que lhe comunicara a onipotência do Pai como mãe do Filho de Deus, louvaria os admiráveis meios que lhe inspirara a Sabedoria do Filho para a salvação dos homens e contemplaria a ardente caridade acesa em seu coração pelo Espírito Santo".**

A venerável Maria Villani (+1670), religiosa dominicana, recitando um dia as três Ave-Marias, ouviu de Nossa Senhora: **"Não**

só alcançarás as graças que me pedes, como também prometo, na vida e na morte, ser tua protetora especial e a quantos como tu praticarem esta devoção".

No decorrer dos séculos uma grande legião de santos praticou e pregou o valor desta devoção: Santo Afonso Maria de Ligório, Santo Antonio Maria Claret, Santa Gemma Galgani, São João Maria Vianney... Também muitos papas declararam o valor espiritual das três Ave-Marias. Leão XIII e São Pio X concederam indulgências, João XXIII e Paulo VI deram aos praticantes desta devoção uma especial bênção apostólica.

Como praticar a devoção das três Ave-Marias

A devoção das três Ave-Marias é uma arma poderosa para contar com a intercessão de Nossa Senhora a qualquer momento, principalmente nas ocasiões de pecado, tentação, fraquezas ou perigos de qualquer tipo.

São Leonardo de Portomaurício, frade franciscano do século XVIII, responsável por uma maravilhosa obra de renovação espiritual na Itália, afirmava sobre as três Ave-Marias: "É uma santa e importante prática. É um remédio eficaz para garantir a vossa salvação".

Em uma das suas pregações, falando sobre a impureza, contou: "Um jovem romano, acostumado ao pecado da impureza, recebeu como penitência do seu confessor a recitação das três Ave-Marias. As recaídas no mesmo pecado continuaram. O confessor continuou com a mesma penitência. Um dia o jovem decidiu partir pelo mundo em turismo. O seu confessor recomendou que ele nunca abandonasse a devoção das três Ave-Marias. Passados alguns anos, o jovem retornou de sua aventura. Imediatamente visitou seu antigo confessor para testemunhar a graça de sua total conversão. Em lágrimas, disse ao sacerdote que tanto o havia ajudado em sua luta espiritual: 'Segui o seu conselho de não abandonar a prática fervorosa das três Ave-Marias; com esta devoção, a Virgem santa alcançou-me a vitória da libertação da impureza'".

Também é importante não imaginar ser esta devoção uma maneira para abandonar a recitação do terço. Alguns, por comodidade, podem cair nesse engano. Uma devoção não elimina a outra. As duas estão profundamente unidas, e são desejadas pela Virgem Maria aos seus verdadeiros filhos.

Um modo simples para exercitar a eficácia das três Ave-Marias é recitá-las ao levantar e ao deitar, jamais abandonando a oração pessoal diária. Também é recomendada no final da santa missa, para pedir a intercessão da Mãe de Jesus. E, como já vimos, como ajuda para não ceder ao pecado ou qualquer outra obra má.

Capítulo 11

OS TRÊS PEDIDOS A NOSSA SENHORA

São João Bosco, grande devoto da Virgem Maria, ensinava que a devoção à Santíssima Virgem é uma grande defesa contra todo tipo de mal e uma ajuda para progredir nas dificuldades. Tudo isso é resultado da certeza de que Nossa Senhora é uma mãe amorosa disposta a ajudar seus filhos admiravelmente.

Neste sentido São João Bosco constantemente incentivava seus alunos a fazer principalmente três pedidos:

Primeiro pedido: *que nos ajude a conservar a graça de Deus, ou seja, que nos livre de todo pecado grave.*

O que é cometer um pecado grave?

É renunciar à condição de filhos de Deus para viver como escravos de Satanás, como explicava São João Bosco.

Ele bem sabia o significado da confiança na providência divina. Nascera muito pobre e dificilmente poderia estudar para um dia ser padre.

Porém, o seu amor a Deus e à Virgem Maria o fez superar todas as dificuldades, tornando-se em seu tempo o exemplo pelo crescimento da sua obra em favor da educação dos jovens.

E quando lhe perguntavam o motivo do sucesso de sua obra, ele respondia: “Peço a todos que rezem a Nossa Senhora”.

Quantas vezes os cuidados conosco, a luta pela sobrevivência, o dinheiro, as diversões... acabam sendo mais importantes do que ser fiel a Deus.

Por isso é necessário pedir a graça de sempre dar a Deus o que é de Deus e ao mundo o que é do mundo.

Segundo pedido: *pedir a Deus por meio da Virgem Maria a graça para conservar a santa virtude da pureza.*

Que pureza?

— **Pureza espiritual:** sempre confiando e recorrendo somente a Deus em todas as necessidades.

— **Pureza da mente e do coração:** não se deixando dominar pelos maus sentimentos, como mentira, inveja, ciúme, desonestidades, raiva, vingança...

— **Pureza do corpo:** não perdendo jamais de vista que ele é o templo do Espírito Santo.

Neste trabalho de busca da pureza, São João Bosco sempre recordava a importância dos olhos e ouvidos.

Por quê?

Os olhos e os ouvidos são as janelas pelas quais os inimigos da alma podem entrar para matar a amizade com Deus. É necessário dar atenção ao que vemos, lemos, escutamos e os ambientes que freqüentamos. Por meio de uma piada suja, de um programa ruim de televisão ou rádio, de um filme imoral ou de violência, de uma letra de música duvidosa, de uma revista indecente ou de uma conversa sobre a vida alheia, podemos pecar contra Deus, nós ou o próximo. Contudo, isso não significa ver pecado em tudo, mas usar corretamente a liberdade e a capacidade de selecionar o bom e o ruim.

São Domingos Sávio, jovem aluno de D. Bosco, costumava repetir continuamente aos seus colegas de escola: “Quero guardar meus olhos para olhar para Deus nos céus e contemplar o rosto belíssimo de minha mãe celestial no paraíso”.

Terceiro pedido: *que Nossa Senhora nos livre de toda amizade danosa para nossa alma.*

Alguns cristãos não perseveram por não cuidarem deste detalhe: a importância de cultivar boas amizades. Não significa fazer acepção de pessoas, mas saber, com naturalidade e ternura, mostrar que não aceita mais conversas maldosas ou atitudes capazes de prejudicar alguém.

Quem se sente filho de Nossa Senhora não pode mais estar com os maus, mas deve trazê-los para Deus com o seu exemplo de vida alegre e correta.

Capítulo 12

DEVOÇÕES MARIANAS

O amor à doce mãe de Jesus manifesta-se por meio de algumas devoções pelas quais demonstramos estar unidos a ela, com o propósito de imitá-la na entrega à vontade de Deus.

Rosário

Uma das mais perfeitas orações dedicadas à Virgem Maria é o santo rosário. É um conjunto de Pai-Nossos e Ave-Marias acompanhado pela meditação piedosa dos principais mistérios da nossa fé. Chama-se rosário porque as orações que se unem com as meditações dos mistérios (gozosos, dolorosos e gloriosos) formam como que uma coroa de rosas oferecidas a Maria Santíssima.

Irmã Lúcia, uma das videntes de Fátima, afirmou: "A Santíssima Virgem, nestes últimos tempos nos quais vivemos, deu nova eficácia à récita do Rosário. Tal que nenhum problema, não importa quão difícil possa ser, temporal ou sobretudo espiritual, na vida pessoal de cada um de nós, das nossas famílias, não possa ser resolvido com o Rosário. Não existe nenhum problema, vos digo, não importa quão difícil possa ser, que não possamos resolver com a oração do Rosário".

As quinze promessas de Maria Santíssima aos devotos do Rosário

1. A todos aqueles que recitarem o meu Rosário, prometo a minha especialíssima proteção.
2. Quem perseverar na reza do meu Rosário, receberá graças potentíssimas.
3. O Rosário será uma arma potentíssima contra o inferno, destruirá os vícios, dissipará o pecado e derrubará as heresias.
4. O Rosário fará reflorir as virtudes, as boas obras e obterá para as almas as mais abundantes misericórdias de Deus.
5. Quem se confiar a mim, com o Rosário, não será nunca oprimido pelas adversidades.

6. Quem quer que recite com devoção o Santo Rosário, com a meditação dos Mistérios, se converterá, se pecador, crescerá em graça, se justo, e será digno da vida eterna.
7. Os devotos do meu Rosário, na hora da morte, não morrerão sem sacramentos.
8. Aqueles que rezam o meu Rosário encontrarão, durante sua vida e na hora de sua morte, a luz de Deus e a plenitude das suas graças e participarão dos méritos dos abençoados no Paraíso.
9. Eu libertarei, todos os dias, do Purgatório as almas devotas do meu Rosário.
10. Os verdadeiros filhos do meu Rosário gozarão de grande alegria no Céu.
11. Aquilo que se pedir com o Rosário se obterá.
12. Aqueles que propagarem o meu Rosário serão por mim socorridos em todas as suas necessidades.
13. Eu consegui do meu Filho que todos os devotos do Rosário tenham por irmãos, em sua vida e na hora de sua morte, os Santos do Céu.
14. Aqueles que recitarem o meu Rosário fielmente serão todos filhos meus amadíssimos, irmãos e irmãs de Jesus.
15. A devoção do Santo Rosário é um grande sinal de predestinação.

Como rezar o terço

— Inicia-se com o sinal-da-cruz (quando em grupo, é sempre bom usar um canto para iniciar e entre as dezenas);

— segurando a cruz do terço, reza-se o Credo;

— seguem-se um Pai-Nosso, três Ave-Marias e um Glória-ao-Pai (saudação à Santíssima Trindade);

— inicia-se a recitação das dezenas;

— anúncio do mistério, a leitura bíblica e uma pausa de silêncio, para meditar;

— em cada mistério, rezam-se um Pai-Nosso, dez Ave-Marias, um Glória-ao-Pai, e, no final, a jaculatória: "Ó meu Jesus, perdoai-nos, livrai-nos do fogo do inferno, levai as almas todas para o céu e socorrei principalmente aquelas que mais precisam";

— na última dezena de cada terço, termina-se com as seguintes orações:

"Infinitas graças vos damos, soberana Rainha, pelos benefícios que recebemos todos os dias de vossas mãos liberais; dignai-vos agora e para sempre tomar-nos de baixo de vosso poderoso amparo, e para mais vos alegrar vos saudamos com uma Salve-Rainha:

Salve, Rainha, Mãe de misericórdia, vida, doçura e esperança nossa, Salve! A vós bradamos os degredados filhos de Eva. A vós suspiramos, gemendo e chorando neste vale de lágrimas. Eia, pois, advogada nossa, esses vossos olhos misericordiosos a nós volvei, e, depois deste desterro, mostrai-nos Jesus, bendito fruto do vosso ventre, ó clemente, ó piedosa, ó doce, sempre Virgem Maria.

Rogai por nós Santa Mãe de Deus. Para que sejamos dignos das promessas de Cristo".

Os mistérios do Rosário

Mistérios gozosos sobre a infância de Jesus (segundas e quintas-feiras):

— **1º mistério:** Deus manda o anjo Gabriel a Maria para lhe anunciar que será a Mãe de Jesus, o Salvador (Lc 1,26-38).

— **2º mistério:** Maria vai visitar sua prima Isabel e fica ajudando-a a preparar o nascimento de João Batista (Lc 1,39-56).

— **3º mistério:** Jesus nasce em Belém, na pobreza, porque não havia lugar para eles (Lc 2,1-15).

— **4º mistério:** Maria e José apresentam Jesus no Templo, e Simeão louva a Deus (Lc 2,22-35).

— **5º mistério:** Maria e José encontram Jesus no Templo, falando com os doutores (Lc 2,41-52).

Mistérios dolorosos sobre a Paixão de Jesus (terças e sextas-feiras):

— **1º mistério:** A agonia de Jesus no Jardim das Oliveiras, onde Ele foi preso (Mt 26,36-56).

— **2º mistério:** Jesus é torturado por ordem de Pilatos (Mc 15,16-20).

— **3º mistério:** Jesus é condenado a ser crucificado (Mc 15,6-15).

— **4º mistério:** Jesus carrega a cruz até o Calvário (Lc 23,26-31).

— **5º mistério:** Jesus é crucificado e morre na Cruz (Lc 23,33-46).

Mistérios gloriosos sobre a Ressurreição de Jesus e de sua Mãe Maria (quartas-feiras, sábados e domingos):

— **1º mistério:** A ressurreição de Jesus (Lc 24,1-12).

— **2º mistério:** A ascensão de Jesus (At 1,3-11).

— **3º mistério:** A vinda do Espírito Santo que transforma os apóstolos (At 2,1-14).

— **4º mistério:** Maria é levada ao céu, ela é a nossa esperança (Jo 2,1-11; Ap 12,1-18).

— **5º mistério:** Nossa Senhora é coroada porque ela é rainha do povo de Deus (Lc 1,46-55; Ap 12,1-18).

No mês de maio podemos escolher um desses mistérios, conforme a leitura do dia.

Escapulário do Carmo

O Escapulário do Carmo é uma das mais antigas devoções marianas. É composto de duas peças de pano marrom, ligadas por dois cordões. Em um dos lados fica a estampa de Nossa Senhora do Carmo, e no outro somente o pano ou uma estampa com Jesus. Isto para manifestar a certeza de que o amor a Maria nos leva ao seu amado Filho.

Em 1910, o Papa Pio X declarou válido o uso da medalha-escapulário, tendo sempre presente a necessidade da estampa de Nossa Senhora do Carmo. Essa concessão aconteceu por um pedido de missionários de países tropicais, onde os escapulários de pano se deterioram mais rápido. Também existe o escapulário do Carmo em que o tecido é coberto por plástico.

O primeiro escapulário deve ser sempre abençoado e imposto por um sacerdote. Uma vez colocado, deve-se usá-lo por toda a vida, para receber o fruto da promessa de Nossa Senhora do Carmo.

O papa João Paulo II, em carta dirigida ao prior-geral da Ordem dos Carmelitas, por ocasião dos 750 anos do Santo Escapulário, escreveu: "Quem veste o Escapulário vem introduzido na terra do Carmelo, para que 'coma dos seus frutos e bens' (cf. Jr 2,7), e experimenta a presença doce e materna de Maria, no compromisso cotidiano de revestir-se interiormente de Jesus Cristo e de manifestá-lo vivo em si para o bem da Igreja e de toda a humanidade (cf. *Fórmula da imposição do Escapulário*).

O significado do escapulário do Carmo se resume em cinco pontos:

1. É um sinal da aliança com Maria e da sua materna proteção em todos os perigos, não somente para esta vida, mas também depois da morte.
2. Trata-se de uma consagração pessoal a Maria, com o desejo de imitá-la na prática da Palavra de Deus.
3. Nossa Senhora livrará do purgatório, no primeiro sábado depois da morte, os que o levarem com devoção de verdadeiros filhos.
4. É um sinal de salvação, pois quem o reveste segue a Jesus Cristo, único Senhor e Salvador, nascido da Virgem Maria.
5. Sela o compromisso de levar a todos a Boa nova da salvação.

Privilégio sabatino

A segunda promessa da Virgem do Carmo foi dada ao papa João XXII. Esta aparição deu origem à *Bula Sabatina*, publicada em 3 de março de 1322. Seria como um complemento da promessa do escapulário. Nossa Senhora disse: **"Eu, como terna mãe dos carmelitas, descerei ao purgatório no primeiro sábado depois de sua morte e os livrarei e os conduzirei ao monte santo da vida eterna"**.

Romaria

Um dos costumes mais antigos dos hebreus, e continuado pelos cristãos, é o de realizar romarias ou peregrinações a determinados lugares sagrados denominados santuários. O principal centro de peregrinação do Antigo Testamento foi o Templo de Jerusalém, no monte Muriá, onde Abraão ofereceu seu filho a Deus (cf. Gn 22,2). Também diante da visão de um anjo vindo para destruir Jerusalém, Davi ora ao Senhor para afastar este castigo, e, tendo recebido a graça, manda construir um altar (cf. 2Sm 24,16-25). No início do cristianismo, a primeira meta era a Terra Santa. Aos poucos também se incluiu Roma, onde eram visitados os túmulos e venerada a memória dos apóstolos Pedro e Paulo. A partir daí, foram surgindo outros santuários, entre os quais aqueles ligados à Virgem Maria.

Um santuário é sempre um lugar onde aconteceu uma manifestação especial de Deus. O motivo da visita a estes locais é receber o benefício da extraordinária presença divina.

Por meio de uma peregrinação ou romaria, a pessoa entra em um caminho de conversão, com o forte desejo de aprofundar sua amizade com Deus. Quando se vai a um santuário, é importante preparar-se em oração, conhecer a mensagem daquele lugar.

Ao entrar em um santuário, o primeiro lugar a visitar é onde está conservado o Santíssimo Sacramento, permanecendo aí em oração. Outro gesto importante é fazer uma boa Confissão, participar da Santa Missa e, de um modo especial, tratando-se de um santuário mariano, rezar com o coração o terço, atendendo o pedido insistente de Nossa Senhora em suas aparições. A partir daí se visitam as outras partes do santuário (relíquias, fonte de água, museu, via-sacra). Também é importante levar alguma lembrança do santuário: livros, medalhas, imagens...

Capítulo 13

ORAÇÕES MARIANAS

Ave-Maria

Ave, Maria, cheia de graça, o Senhor é convosco, bendita sois vós entre as mulheres e bendito é o fruto do vosso ventre, Jesus. Santa Maria, Mãe de Deus, rogai por nós, pecadores, agora e na hora de nossa morte. Amém.

Salve-Rainha

Salve, Rainha, Mãe de misericórdia, vida, doçura e esperança nossa, salve! A vós bradamos, os degredados filhos de Eva. A vós suspiramos, gemendo e chorando neste vale de lágrimas. Eia, pois, advogada nossa, esses vossos olhos misericordiosos a nós volvei, e, depois deste desterro, mostrai-nos Jesus, bendito fruto do vosso ventre, ó clemente, ó piedosa, ó doce, sempre Virgem Maria.

Rogai por nós, Santa Mãe de Deus,

Para que sejamos dignos das promessas de Cristo. Amém.

ANGELUS (reza-se às 6, 12 e 18 horas)

O anjo do Senhor anunciou a Maria.
E ela concebeu do Espírito Santo.
Ave-Maria...

Eis aqui a serva do Senhor.
Faça-se em mim segundo a vossa Palavra.
Ave-Maria...

E o Verbo se fez carne.
E habitou entre nós.
Ave-Maria...

Rogai por nós, santa mãe de Deus.
Para que sejamos dignos das promessas de Cristo.

Oremos: Infundi, Senhor, como vos pedimos, a vossa graça em nossas almas, para que nós, que, pela anunciação do anjo, viemos ao conhecimento da encarnação de Jesus Cristo, vosso Filho, pela sua paixão e morte na cruz, sejamos conduzidos à glória da ressurreição, pelo mesmo Cristo, Senhor nosso. Amém.

No período da Páscoa:

Rainha do céu

Rainha do céu, alegrai-vos! Aleluia!
Porque quem merecestes trazer em vosso puríssimo seio, aleluia!

Ressuscitou, como disse, aleluia!
Rogai a Deus por nós, aleluia!

Exultai e alegrai-vos, ó Virgem Maria, aleluia!
Porque o Senhor ressuscitou verdadeiramente, aleluia!

Oremos: Ó Deus, que vos dignastes alegrar o mundo com a ressurreição de vosso amado Filho, nosso Senhor, Jesus Cristo, fazei que, por sua paixão e morte na cruz, sejamos conduzidos à glória da ressurreição. Por Jesus Cristo, nosso Senhor. Amém.

Lembrai-vos

Lembrai-vos, ó piíssima Virgem Maria, que jamais se ouviu dizer que algum daqueles que têm recorrido à vossa proteção, implorado o vosso auxílio e reclamado o vosso socorro, fosse por vós desamparado. Animado, pois, com igual confiança, a vós, Virgem das Virgens, como à Mãe recorro; a vós me acolho e, gemendo sob o peso dos meus pecados, me prostro aos vossos pés. Não desprezeis as minhas súplicas, ó Mãe do Filho de Deus, mas antes as atendei e ouvi propícia. Amém. (São Bernardo)

Consagração a Nossa Senhora

Ó Senhora minha, ó minha Mãe, eu me ofereço todo a vós; e, em prova de minha devoção para convosco, eu vos consagro neste dia os meus olhos, os meus ouvidos, a minha boca, o meu coração e inteiramente todo o meu ser. E, porque assim sou vosso, ó incomparável Mãe, guardai-me e defendei-me, como bem e propriedade vossa. Amém.

À vossa proteção

À vossa proteção recorremos, ó Santa Mãe de Deus. Não desprezeis as nossas súplicas, não nos abandoneis em nossas necessidades, mas livrai-nos sempre de todos os perigos, ó Virgem gloriosa e bendita. Amém.

Ato de desagravo ao Coração Imaculado de Maria

Rainha do Rosário, Santíssima Virgem Maria, movidos pelo ardente desejo de amar-vos como Mãe querida e promover uma terna devoção ao vosso Imaculado Coração, tão traspassado de dor por causa das blasfêmias e ingratidões dos homens na terra, aqui nos prostramos a vossos pés: a vós consagramos o nosso corpo, o nosso coração e todo o nosso ser, para repararmos com nossos obséquios e afetos tantos pecados com que vossos filhos ingratos pagam as finezas do vosso amor. Perdoai-lhes, Mãe querida, a eles e perdoai-nos a nós todos. Convertei tantos infelizes que vivem no erro. Em especial, lançai os olhos de Mãe misericordiosa para nós, vossos filhos, que queremos amar-vos cada vez mais, sendo fiéis discípulos de Jesus e vivendo corno verdadeiros cristãos, a fim de vos contemplar as delícias do céu.

Ato de Consagração ao Imaculado Coração de Maria

Ó Maria, Mãe de Deus e nossa Mãe, Rainha do céu e refúgio dos pecadores, ao Vosso Coração Imaculado consagramos nossa vida, todo o nosso ser, tudo o que temos, tudo o que amamos, tudo o que somos.

A vós pertencem nossos lares, nossas famílias, nossa pátria. Queremos que seja vosso, e participe dos benefícios de vossas bênçãos maternais, tudo o que existe em nós, e ao redor de nós.

E para que esta consagração seja realmente eficaz e duradoura, renovamos hoje, aqui, aos vossos pés, ó Maria, as promessas do nosso batismo e da nossa primeira comunhão.

Comprometemo-nos a professar, corajosamente e sempre, as verdades da fé, e a viver como católicos, submissos à sua Santidade, o Papa, e aos bispos em comunhão com ele.

Comprometemo-nos a observar os Mandamentos de Deus e da Igreja, particularmente a santificação do domingo.

Queremos empenhar-nos, ó gloriosa Mãe de Deus e nossa mãe, para que o Reino de Cristo, vosso Filho, seja uma presença em nossas almas, na terra como no céu.

Queremos oferecer cinqüenta rosas pela reza do terço, meditando sobre os mistérios do Santo Rosário. Amém.

Consagração ao Sagrado Coração de Jesus, junto com Maria Santíssima

Divino coração de Jesus, estamos prostrados diante de ti, com os sentimentos de profunda gratidão por todos os benefícios recebidos, e também desejando ardentemente a renovação no teu infinito amor.

Consagramos a ti, por meio do Coração Imaculado de Maria e de São José, a nós mesmos, nossa família e as pessoas com quem convivemos.

Seja nosso lar, como a casa de Nazaré, um lugar de alegria, fé, esperança, caridade, oração, trabalho, ordem e paz. Sede o modelo de nossa conduta e zeloso protetor de nossos interesses.

Consagramos, divino Jesus, todos os sucessos e fracassos de nossa família, para que possamos contar com a tua proteção em todos os momentos.

Derrama tuas bênçãos sobre todos os nossos familiares. Nós os entregamos ao teu divino coração, para que sejam abençoados no estudo, trabalho, profissão e negócios. Defende-os de todos os perigos e afasta a praga dos vícios do jogo, álcool e drogas. Cerca-os com o teu amor.

De um modo especial, entrego aos teus cuidados .... *(diga o nome da pessoa).*

Também entregamos à tua infinita misericórdia os familiares falecidos: .... *[diga o(s) nome(s) do(s) falecido(s)].*

E agora, de um modo pessoal:

Desejo, por meio desta consagração ao teu Sagrado Coração, afastar-me de todo tipo de mal, procurando fazer o bem sem esperar recompensa, para em tudo te alegrar, e assim merecer sempre as tuas maravilhosas bênçãos.

APÊNDICE

1. Sobre a morte da Mãe de Deus (catequese de João Paulo II em 28/6/97)

1. A propósito da conclusão da vida terrena de Maria, o Concílio retoma os termos da Bula de definição do dogma da Assunção e afirma:

"A Virgem Imaculada, que fora preservada de toda a mancha de culpa original, terminando o curso da sua vida terrena, foi elevada à glória celeste em corpo e alma" *(LG,* 59). Com esta fórmula, a Constituição dogmática *Lumen gentium*, seguindo o meu venerado Predecessor, Pio XII, não se pronuncia sobre a questão da morte de Maria. Todavia, Pio XII não quis negar o fato da morte, mas apenas não julgou oportuno afirmar solenemente a morte da Mãe de Deus, como verdade que devia ser admitida por todos os crentes.

Na verdade, alguns teólogos afirmaram a isenção da morte da Virgem e a sua passagem direta da vida terrena à glória celestial. Todavia, esta opinião é desconhecida até o século XVII, enquanto na realidade existe uma comum tradição que considera a morte de Maria e sua introdução na glória celeste.

2. É possível que Maria de Nazaré tenha experimentado na sua carne o drama da morte? Refletindo sobre o destino de Maria e sobre a sua relação com o Filho divino, parece legítimo responder afirmativamente: dado que Cristo morreu, seria difícil afirmar o contrário no que concerne à Mãe.

Neste sentido raciocinaram os Padres da Igreja, que não tiveram dúvidas a este propósito. Basta citar São Tiago de Sarug (521), segundo o qual, quando para Maria chegou "o tempo de caminhar pela via de todas as gerações", ou seja, a via da morte, "o coro dos doze Apóstolos" reuniu-se para enterrar "o corpo virginal da Bem-aventurada" *(Discurso sobre a sepultura da Santa Mãe de Deus,* 87-99 em C. Vona, Lateranum 19 *[1953],* 188). São Modesto de Jerusalém (634), depois de ter falado amplamente da "beatíssima dormida da gloriosíssima Mãe de Deus", conclui o seu elogio exaltando a intervenção prodigiosa de Cristo, que "a ressuscitou do sepulcro" para a receber consigo na glória *(Enc. in dormitionem deparae semperque Virginis Mariae*, nn. 7 e 14; PG 86 bis 3293; 3311). São João Damasceno (704), por sua vez, pergunta: "Como é possível que aquela que no parto ultrapassou todos os limites da natureza, agora se submeta às leis desta e seu corpo imaculado se sujeite à morte?" E responde: "Certamente era necessário que a parte mortal fosse deposta para se revestir de imortalidade, porque nem o Senhor da natureza rejeitou a experiência da morte. Com efeito, Ele morre segundo a carne e com a morte destrói a morte, à corrupção concede a incorruptibilidade e o morrer faz dele nascente da ressurreição" (*Panegírico sobre a Dormida da Mãe de Deus*, 10: SC 80, 107).

3. É verdade que na Revelação a morte se apresenta como castigo do pecado. Todavia, o fato de a Igreja proclamar Maria liberta do pecado original por singular privilégio divino não induz a concluir que ela recebeu também a imortalidade corporal. A mãe não é superior ao Filho, que assumiu a morte, dando-lhe novo significado e transformando-a em instrumento de salvação.

Empenhada na obra redentora e associada à oferta salvífica de Cristo, Maria pôde compartilhar o sofrimento e a morte em vista da redenção da humanidade. Também para ela vale quanto Severo de Antioquia afirma a propósito de Cristo: "Sem uma morte preliminar, como poderia ter lugar a ressurreição?" (*Antijulianistica*, Beirute 1931, 194 s.). Para ser partícipe da ressurreição de Cristo, Maria devia compartilhar antes de mais a sua morte.

4. O Novo Testamento não oferece nenhuma notícia sobre as circunstâncias da morte de Maria. Este silêncio induz a supor que esta se tenha verificado normalmente, sem nenhum pormenor digno de menção. Se assim não tivesse sido, como poderia a notícia permanecer escondida aos contemporâneos e, de alguma forma, não chegar até nós?

Quanto aos motivos da morte de Maria, não parecem fundadas as opiniões que lhe quereriam excluir causas naturais. Mais importante é a busca da atitude espiritual da Virgem no momento da despedida deste mundo. A este propósito, São Francisco de Sales considera que a morte de Maria se tenha verificado como efeito de um transporte de amor. Ele fala de um morrer "no amor, por causa do amor e por amor", chegando por isso a afirmar que a Mãe de Deus morreu de amor pelo seu Filho Jesus (*Traité de l'Amour de Dieu*, Lib. 7, c. XIII-XIV).

Qualquer que tenha sido o fato orgânico e biológico que, sob o aspecto físico, causou a cessação da vida do corpo, pode-se dizer que a passagem desta vida à outra constitui para

Maria uma maturação da graça na glória, de tal forma que jamais como nesse caso a morte pôde ser concebida como uma "dormida".

5. Nalguns Padres da Igreja encontramos a descrição de Jesus mesmo que vem acolher a sua Mãe no momento da morte, para introduzir na glória celeste. Assim, estes apresentam a morte de Maria como um evento de amor que a levou a alcançar o seu Filho divino para participar da sua vida imortal. No final da sua existência terrena, ela terá experimentado, como Paulo e mais do que ele, o desejo de se libertar do corpo para estar com Cristo para sempre (cf. Fl 1,23).

A experiência da morte enriqueceu a pessoa da Virgem: passando pela comum sorte dos homens, ela pode exercer com mais eficácia a sua maternidade espiritual em relação àqueles que chegam à hora suprema da vida.

2. Maria nos escritos dos primeiros cristãos

"Filho de Deus pelo desejo e poder de Deus, nasceu verdadeiramente de uma Virgem" (S. Inácio de Antioquia, *Carta aos Magnésios*, 110 d.C.).

"E novamente, como Isaías havia expressamente previsto que Ele nasceria de uma virgem, ele declarou o seguinte: 'Eis

que uma virgem conceberá e dará à luz um filho, e seu nome será chamado Deus-conosco'. A frase 'Eis que uma virgem conceberá' significa certamente que a virgem iria conceber sem ter relacionamento. Se ela tivesse relacionamento com qualquer um que fosse, ela não poderia ser virgem. Mas o poder de Deus, vindo sobre a Virgem, a encobriu, e a induziu a conceber, embora ainda permanecesse Virgem" (S. Justino Mártir, *Primeira Apologia*, 148-155 d.C.).

"A Virgem Maria mostrou-se obediente ao dizer: 'Eis aqui tua serva, Senhor; faça-se em mim conforme a tua palavra'. Entretanto, Eva foi desobediente; mesmo enquanto era virgem, ela não obedeceu. Como ela — que ainda era virgem embora tivesse Adão por marido... — foi desobediente, tornou-se a causa da sua própria morte e também de todo o gênero humano; então, também Maria, noiva de um homem, mas, apesar disso, ainda virgem, sendo obediente, se tornou a causa de salvação dela própria e de todo o gênero humano... Assim, o problema da desobediência de Eva foi eliminado pela obediência de Maria. O que a virgem Eva causou em sua incredulidade, a Virgem Maria eliminou através da sua fé" (S. Irineu, *Contra as Heresias*, 180-199 d.C.).

"A Virgem Maria, tendo sido obediente à palavra de Deus, recebeu de um anjo a alegre notícia de que iria dar à luz o próprio

Deus" (S. Irineu de Lião, *Contra as Heresias,* V, 19,1, 189 d.C.).

"Apesar de permanecer virgem enquanto carregava um filho em seu ventre, a serva e obra da sabedoria divina tornou-se a Mãe de Deus" (Efraim, o Sírio, *Canções de Louvor,* 1,20, 351 d.C.).

"O Verbo gerado do Pai do céu, inexpressavelmente, inexplicavelmente, incompreensivelmente e de maneira eterna, nasceu há tempos atrás da Virgem Maria, a Mãe de Deus" (S. Atanásio, *A Encarnação do Verbo de Deus,* 8, 365 d.C.).

"Se alguém disser que a Santa Maria não é a Mãe de Deus, ele está em divergência com Deus. Se alguém declarar que Cristo passou pela Virgem como se passasse por um canal, e que não se desenvolveu divina e humanamente nela — divina porque não houve a participação de um homem, e humanamente segundo a lei da gestação — tal pessoa é também herege" (S. Gregório de Nazianzo, *Carta ao Sacerdote Cledônio*, 382 d.C.).

"Ajuda-nos a compreender os termos 'primogênito' e 'unigênito' quando o Evangelista diz que Maria permaneceu Virgem 'até que deu à luz o seu filho primogênito' (Mt 1,25). Nada fez Maria, que é honrada e louvada acima de todas as outras: não se relacionou com ninguém, nem jamais foi Mãe de nenhum outro filho; mas, mesmo após o nas-

cimento do seu filho [único], ela permaneceu sempre e para sempre uma virgem imaculada" (Dídimo, o Cego, *A Trindade*, 3,4, 386 d.C.).

"Entre todas as mulheres, Maria é a única a ser, ao mesmo tempo, Virgem e Mãe, não somente segundo o espírito, mas também pelo corpo. Ela é mãe conforme o espírito, não daquele que é nossa Cabeça, isto é, do Salvador do qual ela nasceu, espiritualmente. Pois todos os que nele creram — e nesse número ela mesma se encontra — são chamados, com razão, 'filhos do Esposo' (Mt 9,15). Mas, certamente, ela é a mãe de seus membros, segundo o espírito, pois cooperou com seu amor para que nascessem os fiéis na Igreja — os membros daquela divina Cabeça — da qual ela mesma é, corporalmente, a verdadeira mãe" (Sto. Agostinho, *A Virgindade Consagrada*, 6,6, 401 d.C.).

"Entretanto, quando eles perguntaram: 'Maria é a mãe de um homem ou a Mãe de Deus?', nós respondemos: 'De ambos'. O primeiro pela natureza do que ocorreu e o segundo pela relação. Mãe de um homem porque era ser humano que estava e que saiu do ventre de Maria; e Mãe de Deus porque o homem que nasceu era o próprio Deus" (Teodoro de Mopsuéstia, *A Encarnação*, 15, 405 d.C.).

"Agora, herético, você dirá (qualquer um de vocês que negar que Deus nasceu da Virgem) que Maria, a Mãe de nosso Senhor Je-

sus Cristo, não pode ser chamada de Mãe de Deus, mas somente de Mãe de Cristo e não de Deus, porque nenhuma mulher — afirmará você — pode dar à luz alguém mais velho do que ela própria. A respeito deste estúpido argumento [...] deixe-nos provar por testemunhos divinos de que tanto Cristo é Deus como Maria é a Mãe de Deus" (João Cassiano, *Sobre a Encarnação de Cristo contra Nestório*, 2,2, 429 d.C.).

"O próprio Verbo, vindo por sua vontade à Bem-Aventurada Virgem, assumiu para si o seu próprio templo da substância da Virgem e, saindo dela, fez-se completamente homem, de modo que todos pudessem vê-lo externamente, mas sendo verdadeiramente Deus internamente. Portanto, Ele preservou sua Mãe virgem mesmo depois de ela ter dado à luz" (S. Cirilo de Alexandria, *Contra aqueles que não desejam professar que a Santa Virgem é a Mãe de Deus*, 4, 430 d.C.).

3. Maria e os protestantes (evangélicos)

"Creio firmemente que Maria, conforme as palavras do Evangelho que afirmam que de uma Virgem nos nasceria o Filho de Deus, permaneceu sempre pura e intacta Virgem durante e depois do nascimento de seu Filho" (Ulrich Zwinglio, citado em *Corpus Reformatorum*, v. 1, p. 424).

"É uma doce e piedosa crença esta que diz que a alma de Maria não possuía pecado original; esta de que, quando ela recebeu sua alma, ela também foi purificada do pecado original e adornada com os dons de Deus, recebendo de Deus uma alma pura. Assim, desde o primeiro momento de sua vida, ela estava livre de todo pecado" (Martinho Lutero, *Sermão sobre o Dia da Conceição da Mãe de Deus*, de 1527).

"Maria é a maior e a mais nobre jóia da Cristandade logo após Cristo... Ela é nobre, sábia e santamente personificada. Jamais conseguiremos honrá-la suficientemente" (Martinho Lutero, *Sermão do Natal de 1531*).

"Ele, Cristo, nosso Salvador, era o fruto real e natural do ventre virginal de Maria... Isto aconteceu sem a participação de nenhum homem e ela permaneceu virgem mesmo depois disso" (Martinho Lutero, *Sermões sobre João*).

"Certas pessoas têm desejado sugerir desta passagem [Mt 1,25] que a Virgem Maria teve outros filhos além do Filho de Deus, e que José teve relacionamento íntimo com ela depois. Mas que estupidez! O escritor do evangelho não desejava registrar o que poderia acontecer mais tarde; ele simplesmente queria deixar bem clara a obediência de José e também desejava mostrar que José tinha sido bom e verdadeiramente acreditava que

Deus enviara seu anjo a Maria. Portanto, ele jamais teve relações com Maria, mas somente compartilhou de sua companhia... Além disso, nosso Senhor Jesus Cristo é chamado o primogênito. Isto não é porque teria de haver um segundo ou terceiro [filho], mas porque o escritor do Evangelho está se referindo à precedência. Assim, a Escritura está falando sobre a titularidade do primogênito, e não sobre a questão de ter havido qualquer segundo [filho]" (João Calvino, *Sermão sobre Mateus*, publicado em 1562).

"Não se pode negar que Deus escolheu e destinou Maria para ser a Mãe de Seu Filho, garantindo-lhe a mais alta honra. Isabel chama Maria de 'Mãe do Senhor' porque a unidade da pessoa nas duas naturezas de Cristo era tal que ela poderia ter dito que o homem mortal gerado no ventre de Maria era, ao mesmo tempo, o Deus eterno" (João Calvino, citado em *Corpus Reformatorum*, v. 45, p. 348).

4. Medjugorje[1]

Medjugorje (pronuncia-se *Med-iu-gorié*) é uma aldeia na Bósnia. Era um lugar sossegado, onde os seus habitantes tinham uma

1. Em harmonia com os decretos do papa Urbano VII, declara-se que aos fatos aqui narrados se atribui uma simples fé humana, em conformidade com os testemunhos e argumentos históricos apresentados.

simples vida rural. Mas houve um acontecimento extraordinário. Na festa de São João Batista, em 24 de junho de 1981, muito antes da guerra, quatro jovens assistiram a uma aparição numa colina junto da aldeia. No dia seguinte outros dois viram-na também.

Os jovens amigos, de idades entre 10 e 16 anos, viram numa luz brilhante a figura de uma mulher de grande beleza. Durante a terceira aparição, respondendo à pergunta de um deles, ela disse-lhes que era a Bem-Aventurada Virgem Maria, Rainha da Paz.

Desde estes acontecimentos, milhões de peregrinos de todos os cantos do mundo têm acorrido a Medjugorje para estar no lugar onde a Mãe de Jesus apareceu — e continua a aparecer todas as tardes.

A primeira aparição

Duas jovens, Ivanka, de 15 anos, e Mirjana, de 16 anos, voltavam a casa depois de um passeio, por volta das 5 horas da tarde. Ivanka viu a figura de uma mulher coberta de luz, flutuando no ar. Chamou Mirjana e disse-lhe: "Olha, a Gospa (Nossa Senhora) sobre este monte". Sua amiga respondeu: "Como é possível Nossa Senhora aparecer a nós?". E as duas foram para casa. Ao cair da noite, Milka, irmã mais nova de Mirjana, pediu a ambas para ajudá-la a recolher as ovelhas para casa. Caminharam em direção ao monte, onde novamente Ivanka disse: "Olhem, a Senhora está ali outra vez". Desta vez, Mirjana e Milka também viram a bela Senhora. As três permaneceram de joelhos e em completo silêncio.

Outros dois jovens amigos, Ivan e Vicka, juntaram-se a Ivanka e Mirjana. No dia seguinte vieram também os seus amigos Marija e Jacov. Desde então, os seis começaram a ver a "Gospa" (Nossa Senhora) todos os dias à mesma hora. Muitos visitantes também já viram estranhos raios de luz e fogos na colina.

No princípio, as aparições duravam 30 minutos ou mais, mas agora têm 3 ou 4 minutos de duração. Dão-se às 17h40 todas as tardes.

Perseguição

À medida que se espalharam as notícias dos acontecimentos extraordinários em Medjugorje, o governo comunista reagiu com repressão. Enviaram polícia e militares à aldeia, os videntes foram detidos para exames psiquiátricos e as pessoas da aldeia foram importunadas. O pároco, Pe. Jozo Zovko, franciscano, foi detido pela polícia secreta e preso durante 18 meses. Mas, durante todo este período conturbado, a Virgem Maria continuou a aparecer aos videntes sem nunca faltar. As autoridades cessaram toda a perseguição, e com a mudança de regime, visitantes são agora bem-vindos. Apesar da guerra, a área de Medjugorje continuou sempre pacífica.

Papel de Maria

A Virgem Maria confiou aos jovens dez segredos a serem revelados numa data posterior — e uma série de mensagens dirigidas a todo o mundo. Estas mensagens são agora transmitidas no dia 25 de cada mês.

A Virgem explicou às crianças: **"Eu vim dizer ao mundo que Deus existe e que Ele vos ama. Ele é a plenitude da vida, e para gozardes esta plenitude e obterdes a paz, tendes de voltar a Deus".**

Maria apresenta-se como serva e mensageira de Deus. A mensagem que ela traz não encerra novos ensinamentos, mas confirma o Evangelho e os ensinamentos da Igreja. Ela apela à paz por meio da oração.

A mensagem fundamental de Medjugorje é a Paz, que se alcança vivendo as cinco pedrinhas de Nossa Senhora: oração, leitura da Palavra, eucaristia, reconciliação e jejum.

QUERIDO LEITOR: ***Se este livro foi importante para sua caminhada cristã, escreva-nos dando o seu testemunho. Peça também o nosso catálogo. Escreva para*****:**

Pe. ALBERTO
Caixa Postal 32
06850-970 – Itapecerica da Serra, SP

ou peça outros livros pelos telefones:
(11) 4666-3988 ou (11) 4666-3619
(de segunda a sexta-feira, das 9 às 17 horas)

ou pelo Fax**: (11) 4666-6056**

ou pela internet:
www.encontrocomcristo.org.br

LEIA TAMBÉM OUTROS LIVROS DO MESMO AUTOR

PERGUNTAS E RESPOSTAS SOBRE A FÉ

Respostas às críticas à doutrina católica: O Batismo das crianças – A Besta do Apocalipse – A questão das imagens – Sábado e Domingo – Domingo e Sábado – O Papa é o sucessor de Pedro? **Respostas às falsas doutrinas:** O Espiritismo – Algumas questões sobre o Espiritismo – Umbanda – Os Mórmons – Moon – Seicho-No-Iê – Testemunhas de Jeová – A Maçonaria – Os Adventistas do Sétimo Dia – Quem vai para o céu – Qual o castigo dos maus – Seita de cura. **Perguntas sobre Nossa Senhora:** Culto a Maria: Certo ou Errado? – Imaculada Conceição de Maria – Assunção de Nossa Senhora – Jesus teve outros irmãos? – Aparições de Nossa Senhora: verdade ou mentira? – Rosário – Aprendendo a rezar o terço. **O Fundamento da Fé:** Todas as Bíblias são iguais? – A regra da nossa fé: só a bíblia ou Bíblia, tradição e magistério? **A realidade do Mal:** Diabo: Realidade ou fantasia? – Jesus e a derrota de Satanás – Questão do mal: contaminação maligna – Meios para não ser contaminado pelo maligno. **O Cristão e a Cura:** Jesus cura? – Cura: Novo Testamento – A Igreja e a Cura – Missa e Cura – Perdão e Cura.

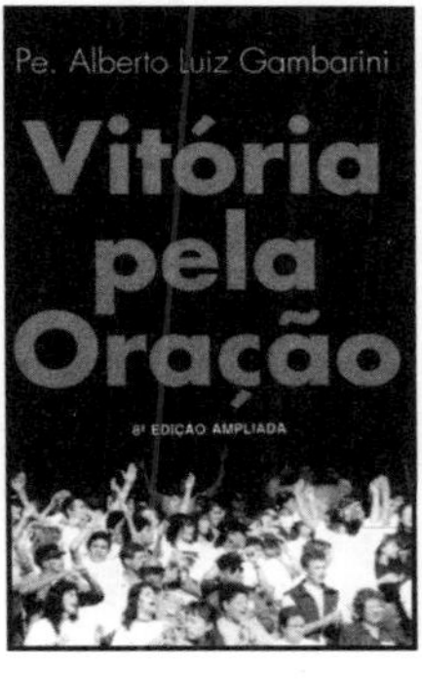

VITÓRIA PELA ORAÇÃO

Tipos de oração. O jejum. Eucaristia: o lugar para uma vida abençoada. Complemento para todos os tipos de oração. Plano de Oração. Oração de Jesus. Rosário. Aprendendo a rezar o terço

A FONTE DA VIDA: O NOVO NASCIMENTO

A necessidade do novo nascimento – O amor de Deus – Por que fracassamos? A questão do pecado – Cruz: a solução de Deus para nossas vidas – Que é o novo nascimento – O que não é o novo nascimento – O cuidado com a emoção – Meios para crescer espiritualmente na vida nova – Aprender a discernir nas dificuldades.

MORTE: LUCRO OU PERDA?

Que é morte? Existe o céu? Inferno: verdade ou fantasia? E o purgatório? Segunda vinda de Cristo: realidade ou sonho? O Anticristo: como identificá-lo? A ressurreição da carne. Livres do medo da morte

O FOGO DE PENTECOSTES

Vida nova no Espírito. Espírito Santo, o princípio ativo. A chave para a vida no Espírito: Efusão do Espírito. A evidência da efusão do Espírito: Primeira parte. A evidência da efusão do Espírito: fruto do Espírito. Os dons extraordinários do Espírito: os carismas. Conselhos para crescer na vida do- Espírito. Como receber a efusão do Espírito. Conselhos para crescer na vida do Espírito

O MANUAL DA FELICIDADE

O Sermão da Montanha é o caminho mais certo para a felicidade: é o programa de vida ideal para todos aqueles que desejam viver de modo sobrenatural.

CURA DAS EMOÇÕES EM CRISTO

Reeducação da mente: Somos o que dizemos. Aprendendo a amar a si mesmo: Importância da auto-imagem. Enfrentando a rejeição. Perdão e cura das emoções. Saindo da depressão. Libertando-se do medo. Ansiedade ou preocupação. Como vencer a solidão. Desafios dos solteiros. Para se manter e crescer na cura das emoções.

EM QUE CREMOS? Doutrina Católica e Bíblia

A Bíblia: O Antigo Testamento; O Novo Testamento – Os mistérios da fé cristã: O mistério da Santíssima Trindade; Encarnação; Redenção – A Igreja: A origem da Igreja de Cristo; A Organização da Igreja; A hierarquia – Os Sacramentos: A definição e o número dos Sacramentos; Os Sacramentos de iniciação; Os Sacramentos medicinais ou de cura; Sacramentos do serviço da Igreja – Maria Modelo para a Igreja: O fundamento bíblico do culto mariano; As verdades de fé sobre Maria – As Virtudes cristãs ou regras de vida: As virtudes teologais ou sobrenaturais; Virtudes cardeais – Morte, céu, inferno e purgatório: Juízo particular e final; Segunda vinda de Cristo – Orações: principais orações católicas.

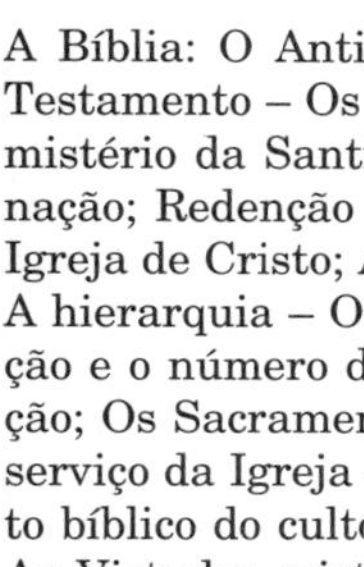

AO VENCEDOR! Mensagens às Sete Igrejas do Apocalipse

Esfriaste no primeiro amor: Conhecendo Éfeso. ***Não temas o que deverás padecer:*** Conhecendo Esmirna. ***Abandona as falsas doutrinas:*** Conhecendo Pérgamo. ***Tempo de arrepender-se:*** Conhecendo Tiatira. ***Sê vigilante:*** Conhecendo Sardes. ***Guardaste a minha palavra:*** Conhecendo Filadélfia. ***Repreendo e corrijo todos aqueles a quem amo:*** Conhecendo Laodicéia. ***Mensagens às Igrejas do Apocalipse.***

BATALHA ESPIRITUAL

Desmascarando o inimigo: Para a Bíblia, quem é o diabo? – Como identificar a presença do maligno: a mentira; Campos de batalha; Um testemunho da mentira de Satanás; Um testemunho de libertação; Sugestões para uma oração pessoal de libertação; Oração a São Miguel Arcanjo – Plano de batalha – Treinamento para a batalha – Entrando na batalha – Um grande perigo: a Nova Era – A Nova Era e a Igreja: A Nova Era nas Igrejas Evangélicas; Como identificar o evangelho da Nova Era – Uma seita da Nova Era: a Universal do Reino de Deus: A origem da Universal; Algumas práticas da Universal – Maria Santíssima na batalha espiritual – O mundo vai acabar? – Exorcismo: Contra Satanás e os Anjos Rebeldes – Livrai-nos do mal: O ensinamento bíblico; O inimigo oculto; A ação do demônio; A defesa do cristão.

CURA DAS ENFERMIDADES

Creio em milagres – Cura e Bíblia – Fé e Cura – As lições de cura de Jesus para hoje – Cura pela Eucaristia – Cura pela Confissão – Cura pelo perdão – Cura pelo Sacramento da Unção – Outros meios de cura – E se não acontecer a cura? – Orações de cura.

ORAÇÕES DE CURA E LIBERTAÇÃO

Orações de cura: Oração para a cura física – Oração de cura do corpo – Oração pelo doente – Para pedir a bênção da saúde – Oração antes de uma operação – Oração do enfermo – Oração para pedir auxílio diante da doença – Oração depois de um acidente – Bênção do(s) enfermo(s) – Bênção aos medicamentos – Oração pelos doentes a São Rafael, anjo dos enfermos – Súplica na doença – Oração para a cura do corpo – Oração do Médico – Curaste tantos! – Oração durante a gravidez – Oração da manhã de um enfermo – Oração da noite de um enfermo – Oração para implorar a saúde – Dai-me a saúde – Oração do doente para começar o dia – Oração de cura de Santo Ambrósio para antes da missa – Oração de cura de Santo Tomás de Aquino para antes da missa – Oração de Santo Tomás de Aquino para depois da missa. ***Orações de libertação e exorcismo:*** Oração de libertação – Oração de renúncia às falsas doutrinas – Oração para libertar casas e outros lugares – Oração contra todo o mal – Oração para a libertação da família – Oração contra todos os malefícios – Bênção com água benta para casas, na visita a um doente e outros locais – Para pedir proteção contra o demônio e os espíritos maus – Pequeno exorcismo de São Miguel Arcanjo – Pedido de libertação ao Senhor Jesus – Oração de libertação com Maria – Oração para não se deixar vencer pelo maligno – Exorcismo de Leão XIII contra Satanás e os anjos rebeldes. ***Oração de cura interior. Cura de lembranças:*** Oração da cura interior. ***Oração da cura pelo perdão:*** Oração de cura pelo perdão. ***Terços de libertação e proteção contra as forças do mal:*** Terço de Nossa Senhora – O Terço como arma contra os poderes infernais – O que é? Rosário da Oração de Jesus – Rosário de São Miguel Arcanjo – Terço da misericórdia. ***Ladainhas de libertação:*** Ladainha do preciosíssimo sangue de Jesus – Ladainha do Santíssimo Nome de Jesus – Ladainha do Sagrado Coração – Ladainha de Nossa Senhora – Ladainha em honra a São Miguel Arcanjo – Ladainha de São Rafael. ***Para pedir proteção dos Anjos:*** São Miguel – São Gabriel – São Rafael – Anjo da Guarda – Oração aos santos Anjos...

QUEM FUNDOU A SUA IGREJA?

Quem fundou a sua Igreja? – A garantia para a unidade da Igreja: sucessão apostólica – O sinal visível da unidade – As características da Igreja de Cristo – A reunião da Igreja de Cristo: o Domingo e a Eucaristia – Razões por que sou católico – Aprendendo a conversar com os irmãos separados – A Lista dos Papas – Datas importantes dos três primeiros séculos da Igreja cristã – Alguns questionamentos evangélicos quanto a data da fundação da Igreja católica.

COMO REZAR PELA CURA ENTRE AS GERAÇÕES

Bíblia e cura entre as gerações – O que não é a oração de cura entre as gerações – A cura dos vivos e dos mortos por meio da oração – A importância de orar pelos bebês nascidos mortos ou abortados – Como rezar pelos mortos jovens e adultos – Oração de cura entre as gerações e a libertação de lugares – Eucaristia: o lugar da cura total – Como fazer a árvore da família ou geneagrama – Como orar pela árvore da família e qual o número de vezes? – Orações de cura entre as gerações – O purgatório: purificação necessária para o encontro com Deus.

COLHENDO PROSPERIDADE COM O DÍZIMO E AS OFERTAS

O dízimo e ofertas no Antigo Testamento – O dízimo e ofertas no Novo Testamento – São Paulo e a graça de dar – As bênçãos do dízimo e ofertas – A diferença entre riqueza e prosperidade – Como praticar o dízimo e as ofertas – Tornando Deus novamente dono dos nossos bens – Princípios para a liberdade financeira – Os santos e a importância da contribuição financeira – Uma última palavra: seja fiel no ato de dar! – Razões por que sou dizimista – Orações do dizimista.

DEVOCIONÁRIO NOSSA SENHORA DOS PRAZERES

A história de Nossa Senhora dos Prazeres: A aparição em Lisboa – A história maravilhosa do Santuário de Nossa Senhora dos Prazeres em Itapecerica da Serra – A origem sobrenatural da igreja matriz e da cidade – Interpretando esse fato – O chamado de Deus para este Santuário. **A lição de vida desta devoção. Importância deste devocionário. A novena de Nossa Senhora dos Prazeres. Terço de Nossa Senhora. O Angelus / Anjo do Senhor.**

Edições Loyola
Editoração, Impressão e Acabamento
Rua 1822, n. 347 • Ipiranga
04216-000 SÃO PAULO, SP
Tel.: (0**11) 6914-1922